Hola

올라, 프라도
차오, 빌바오

올라, 프라도
차오, 빌바오

유쾌한 스페인 미술관 여행

글·사진 **최상운**

생각을 담는 집

목차

프롤로그

1 마드리드

2 바르셀로나

3 피게레스

4 빌바오

5 안달루시아

프롤로그

스페인에 처음 간 것은 2006년 봄이었다. 당시 프랑스에서 산 지 5개월 정도 되었던 나에게는 첫 이웃나라 여행이었다. 프랑스 남부 마르세이유에서 야간버스를 타고 갔는데 오후에 출발하기로 한 버스가 늦어져서 저녁이 다 되어 출발했고, 결국 바르셀로나에 도착한 것은 이른 아침이었다. 10시간 정도 걸린 여행으로 꽤나 피곤했을 텐데도 버스 터미널에 내리자 많이 설레었던 기억이 난다.

그때 바르셀로나를 가게 된 것은 무엇보다 엄청나게 싼 버스요금 때문이었다. 거의 2만 원도 안 되는 가격이었으니 가난한 유학생에게는 정말 황금 같은 기회였다. 그때 10일 정도 주로 바르셀로나에 머물면서 다닌 곳이 이 책에도 나오는 가우디 건축물, 카탈루냐 미술관, 호안 미로 미술관 등이다. 현지 여행 책자에서 발견한 피게레스의 달리 미술관은 예상을 뛰어넘는 놀라움을 주었다.

그 후 2013년까지 프랑스에 살면서 스페인을 여러 번 갔고 한국에 돌아와서도 이 책 준비를 위해 다시 가게 되었다. 한 번은 마드리드와 중부 지방, 다른 때는 남부 안달루시아 지방, 그리고 마지막이 다시 바르셀로나와 북부 바스크 지방이었다. 총 4번의 스페인 여행으로 이 나라를 이해하기에는 부족함이 많겠지만, 그래도 미술관만큼은 제대로 보았다고 할 수 있다. 그리고 사실 그 나라를 아는 데는 미술관만큼 좋은 곳도 없다. 대부분의 미술관에서는 수백 년 전부터 지금까지, 그 나라의 문화와 예술의 정수를 만날 수 있기 때문이다.

　이 책은 꽤 오랜 기간에 걸친 미술관 여행의 기록이고 감상이며, 스페인 예술과 문화의 집약이라고도 할 수 있다. 유럽 3대 미술관이라 불리는 프라도 미술관을 비롯한 마드리드의 미술관에서 시작해서 바르셀로나, 피게레스를 거쳐 바스크 지방의 빌바오, 마지막으로 안달루시아의 그라나다와 세비야까지 여행한다.

　유명 미술관이 아니지만 특히 좋았던 곳은 분량을 많이 할애해서 알차게 다루었다. 대표적인 것이 마드리드의 티센 보르네미사 미술관과 피게레스의 달리 미술관이다. 빌바오의 구겐하임 미술관은 전시실의 작품도 좋지만, 미술관 건물의 놀라운 건축미와 외부에 설치된 작품들은 가히 세계 최고라 할 만하다. 마지막의 그라나다와 세비야에서는 이슬람 양식이 가미되어 유럽에서도 독특한 스페인 특유의 예술을 감상하기에 좋은 곳이다.

미술여행을 주제로 강연을 하다 보면 어쩌다 받는 질문이 "그래서 어떤 곳이 가장 좋은가요?"라는 것이다. 가장 어려운 질문이기도 한데 어쩌면 가장 정확한 대답은 자신이 직접 찾는 것이라고 할 수 있다. 그럼에도 불구하고 꼭 한 곳을 골라달라고 한다면 지금 생각나는 장소는 피카소의 게르니카가 있는 레이나 소피아 미술관, 그곳의 정원이다. 키 큰 나무들이 둘러싼 작은 정원 공중에 칼더의 철판 조각이 매달려 있고, 바람이 아주 약하게라도 불면 색종이를 오려 낸 것 같은 철판이 조금씩 돌아간다. 그 아래 벤치에 다시 앉고 싶다.

프라도
미술관

스페인 미술 여행은 프라도 미술관에서 시작하는 것이 좋다.
프랑스의 루브르, 이탈리아의 우피치, 영국의 내셔널 갤러리처럼
스페인을 대표하는 미술관이며 유럽에서도 손꼽히는 곳이기
때문이다. 프라도 미술관은 앞으로 보게 될 여러 스페인 미술관의
기준이 되는 장소이기도 하므로 시간을 갖고 찬찬히 둘러보는
것이 좋다.
프라도 미술관이 있는 지역은 프라도 외에도 피카소의 게르니카로
유명한 레이나 소피아 미술관, 고전부터 현대까지 다양하고 알찬
작품들을 소장한 티센 보르네미사 미술관 등 마드리드의 주요
미술관이 모두 걸어 다닐 수 있는 거리에 있어 미술 여행에는
제격이다. 거기다 이 지역에는 적당한 가격에 괜찮은 식사를 할 수
있는 식당들도 많아 여러 모로 여행이 즐거운 곳이다.

프라도 미술관 작품에는 스페인 왕실 역사와 예술 취향이 고스란히 담겨 있다. 스페인이 아직 여러 국가로 나뉘어져 있던 15세기부터 왕들은 예술가를 후원했다. 당대 유럽 최고의 권력자였던 카를로스 5세는 죽음이 임박하자 이탈리아 화가인 티치아노를 초청하기도 했다.

카를로스 5세의 아들 펠리페 2세는 선왕에게서 예술에 대한 애정과 작품 수집의 열정을 물려받아서 오늘날에도 프라도의 주요 소장품이 된 걸작들을 구입했다. 티치아노와 보스의 작품들이 그것이다. 그 후 펠리페 4세는 비록 정치적으로 무능했지만 최고의 예술품 수집가로 명성을 떨쳤다. 라파엘로와 뒤러, 만테냐, 그리고 티치아노, 틴토레토, 베로네세 등 베네치아 3대 화가들의 그림을 구입한 것이다.

한편 펠리페 4세는 벨라스케스를 왕실화가로 고용해서 오늘날 그의 대표작인 〈라스 메니나스(시녀들)〉를 비롯한 많은 작품을 프라도 미술관에서 보게 하는 데 큰 공을 세웠다. 게다가 궁전을 장식할 예술품을 찾기 위해 벨라스케스를 여러 번 이탈리아로 보내 여러 걸작들을 구입해 가져오게도 했다. 물론 예술품 수집에 너무 열중해서 국고를 탕진해버리기도 했지만 말이다.

그 후 여러 왕들을 거치며 왕실 컬렉션은 더욱 풍부해졌다.

미술관 앞
벨라스케스 동상

특히 카를로스 4세가 고야를 왕실화가로 임명하는 것을 계기로 고야의 〈카를로스 4세 가족의 초상화〉와 마하 시리즈 등 많은 작품들이 프라도에 남게 되었다.

한편 피카소는 스페인 내전 기간에 프라도 미술관 관장이 되었지만 그의 대표작 중 하나인 〈게르니카〉는 프랑코 총통의 독재에 대한 항의로 뉴욕에 가 있게 되었다. 프랑코가 죽은 뒤 결국 스페인으로 돌아오지만 처음에는 프라도 미술관에 있다가 최종 레이나 소피아 미술관에 소장됐다.

미술관으로 가는 길, 시위 행렬이 느리게 지나간다. 노동조건 개선을 외치는 시위대나 이들을 인도하는 경찰이나 하나같이 느긋하기만 하다. 그 광경을 벨라스케스의 동상이 바라본다. 형형한 눈빛으로 이들을 바라보는 화가는 손에 든 붓과 팔레트로 이들을 순식간에 그려낼 것 같다.

미술관 입구에는 고야의 동상이 서 있다. 그이 발치에 〈옷 벗은 마하〉가 눈부신 백색 누드로 햇빛에 반짝인다. 두 거장의 작품을 보는 것만으로도 프라도에 가야 할 이유는 충분하지만 히에로니무스 보스와 대 피테르 브뢰헐의 플랑드르 회화, 티치아노와 프라 안젤리코, 코레조 같은 이탈리아 회화, 그리고 뒤러의 독일 회화 등 프라도에서 꼭 보아야 할 작품들은 차고 넘친다.

18세기에 짓기 시작한 미술관 건물이 우여곡절 끝에 공식적으로 문을 연 것은 19세기 초인

정문 앞 고야 동상

프라 안젤리코, 수태고지
1435, 나무에 템페라, 154×194 cm,
마드리드 프라도 미술관

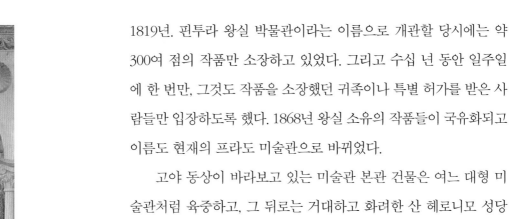

1819년. 핀투라 왕실 박물관이라는 이름으로 개관할 당시에는 약 300여 점의 작품만 소장하고 있었다. 그리고 수십 년 동안 일주일에 한 번만, 그것도 작품을 소장했던 귀족이나 특별 허가를 받은 사람들만 입장하도록 했다. 1868년 왕실 소유의 작품들이 국유화되고 이름도 현재의 프라도 미술관으로 바뀌었다.

고야 동상이 바라보고 있는 미술관 본관 건물은 여느 대형 미술관처럼 육중하고, 그 뒤로는 거대하고 화려한 산 헤로니모 성당이 보인다. 미술관과는 관련이 없을 것 같은 성당이지만 여기는 17세기 스페인의 주요 종교화가 전시되는 곳이다.

미술관 안으로 들어가서 먼저 보는 것은 이탈리아 회화의 방. 프라 안젤리코의 〈수태고지〉는 언뜻 피렌체 산 마르코 미술관에 있는 그의 다른 〈수태고지〉를 떠올리게 한다. 그림은 크게 로지아 안의 실내와 바깥의 실외 두 부분으로 나누어지고, 오른쪽의 성녀와 천사의 포즈가 거의 같다. 그러나 작품의 다른 이름인 〈수태고지(낙원 추방과 함께)〉에 드러나듯 피렌체 작품의 평범한 실외 정원과 달리 여기서는 낙원에서 쫓겨나는 아담과 이브를 묘사한 것이 가장 큰 차이점이다.

이탈리아 피에졸레의 성 도미니크 수도원이 안젤리코에게 주문한 이 작품은 크기가 작은 다른 5점과 함께 수도원 제단을 장식하던 것이다. 이 그림 오른쪽 성녀와 그녀에게 성스러운 메시지를 전하는 대천사 가브리엘은 둘 다 한껏 공손한 자세를 하고 있다. 이들

사이에는 말 대신 눈빛으로만 의사를 전달할 것처럼 고요가 흐른다. 성스러운 빛이 구름을 뚫고 마리아에게 닿는다.

이와 대조적으로 바깥 정원은 슬픔과 원망의 공간이다. 에덴 동산에서 원죄를 지은 아담과 이브는 신의 노여움을 사서 낙원 동쪽으로 쫓겨나는 중이다. 그들의 발치 아래 선악과가 밟힌다. 그들을 내모는 천사의 얼굴은 의외로 차분하다. 그런데 낙원 추방을 그린 다른 화가들의 많은 작품과는 다르게 이 작품 속 인물들은 옷을 입고 있다. 이는 워낙 안젤리코가 경건한 인물인 탓도 있지만 사실은 성서의 구절과도 더 일치한다. 성서에서 이들은 짐승의 가죽옷을 입고 추방된다.

한편 전자가 마치 수채화처럼 담백한 색채로 간결하게 그려진 데 반해 이 작품은 상당한 화려하고 세밀한 묘사를 뽐낸다. 이는 무엇보다 앞의 작품이 재빨리 그려야 하는 프레스코화 기법인 반면, 이 작품은 충분한 시간을 들여 나무에 채색하는 기법으로 그려진 것이 가장 큰 이유일 것이다. 그러다 보니 고딕적인 화려함이 돋보여서 자칫 안젤리코의 작품이 아닌 것처럼 보일 정도다. 실제로 어떤 이들은 한동안 다른 화가의 작품으로 여겼을 정도다.

보티첼리의 〈나스타조 이야기〉는 보카치오의 소설 《데카메론》에 등장하는 환상적인 이야기를 그림으로 옮긴 것이다. 총 4점의 작품이 연속적으로 이야기를 풀어 나가는데 그중 3점이 프라도 미술관에, 나머지 1점이 영국 런던의 와트니 컬렉션 미술관에 소장되어 있다.

보티첼리, 나스타조 이야기, 은둔과 환상
1483, 나무에 템페라, 83×138cm,
마드리드 프라도 미술관

이 작품은 15세기 피렌체의 유력 가문이었던 푸치와 비니, 두 가문의 결혼식을 기념하기 위해 제작되었다. 보카치오의 그림답게 전체적으로 색조는 밝으면서 따뜻하고 인물들은 날씬하다. 무섭고 급박한 상황임에도 불구하고 그들의 표정과 제스처는 우아하다. 작품 속 수직으로 뻗은 커다란 나무는 배경의 수평선과 어우러지며 그림의 깊이를 만들 뿐 아니라 연속적으로 이어지는 각 장면을 구분하는 장치가 되기도 한다.

먼저 왼쪽 끄트머리 장면을 보면 커다란 텐트 앞에 사람들이 모여 있다. 빨간 바지를 입은 인물이 주인공 나스타조다. 그는 청혼했던 여자에게 거절당하고 상심에 젖어 시골에 은둔 중이다. 그런 그를 친구들이 찾아와서 위로하는 것이다. 바로 오른쪽으로 나스타조가 여전히 슬픔에 빠진 채 숲을 배회하는 장면이 나온다.

그리고 그 오른쪽이 이 그림에서 가장 큰 부분을 차지하는 것으로 나체의 여자가 말을 타고 칼을 휘두르는 기사와 개에게 쫓기고 이에 놀란 나스타조가 여자를 보호하려고 하는 모습이다. 언뜻 이 그림이 어떻게 결혼을 축하하는 것으로 그려졌는지 의문이 들기도 하지만 아무튼 이야기의 끝은 해피엔딩이다. 그림 속 나체의 여자 사연은 비열하고 배은망덕하게 남자의 청혼을 거절한 죄로 지옥 같은 벌을 받는다는 것. 이 여자와 같이 나스타조의 청혼을 거절했던 여자가 이 장면을 보고 자신도 같은 벌을 받을까 두려워 마침내 마음을 돌리고 결혼했다는 결말이다. 환상과 현실을 절묘하게 드나드는 이 작품은 결국 연인과 부부간의 신의를 강조하기 위한 목적으로 그린 것이다.

다음은 플랑드르 회화의 방. 스페인은 16세기 30년 종교전쟁 전까지 네덜란드를 지배했고 두 나라 사이 무역도 활발했다. 이때 상품뿐 아니라 미술 작품들도 많이 거래됐는데 스페인 왕실은 플랑드르 화가들의 작품을 좋아해 현재 프라도에서 빼어난 회화 작품을 여럿 소장하게 되었다.

로히에르 반 데어 바이덴의 〈십자가에서 내려짐〉은 대표적인 플랑드르 화가인 바이덴의 가장 뛰어난 작품이라 할 수 있다. 좁은 공간 안에 빽빽이 배치된 인물들은 마치 나무 위에 새겨진 것 같은 입체감을 준다. 인물의 감정을 표현하는 데 특출한 재능을 보이는 플랑드르 회화답게 그리스도 죽음을 대하는 인물의 감정표현이 각각 섬세하게 잘 드러난다.

성모의 눈물을 흘리며 실신한 얼굴과 그 뒤쪽에서 눈물을 닦는 여자의 표정이 먼저 눈에 띈다. 성모의 팔 아래 해골은 인류의 조상인 아담의 죽음을 나타내며 그리스도가 매달린 골고다 언덕은 아담의 무덤이 있다고 알려진 장소다. 따라서 이제 구세주의 죽음으로 인류는 그 원죄에서 사함 받음을 의미한다.

특히 오른쪽 막달라 마리아가 고개를 숙인 채 기이한 자세로 손목을 꺾고 있는 모습은 억지로 눈물을 참고 힘들게 슬픔을 삭이려는 것을 잘 표현하고 있다. 그녀의 옆, 화려한 옷을 입은 아리마테요셉의 표정 또한 눈물을 보이지 않지만 극심한 비통을 나타낸다.

로히에르 반 데어 바이덴, 십자가에서 내려짐
1435, 나무 패널에 유채, 220×262cm, 마드리드 프라도 미술관

요아킴 파티니르, 스틱스 강을 건너는 카론
1524, 캔버스에 유채, 64×103cm, 마드리드 프라도 미술관

한편 그림 속 화면은 중앙의 십자가를 중심으로 완벽한 대칭을 이룬다. 몸이 늘어진 예수의 자세는 정신을 잃고 쓰러진 성모의 자세와 일치한다. 성모를 부축하는 사도 요한과 반대편 막달라 마리아의 오열하는 포즈도 흡사하다.

이들 주위 두 인물의 배치 역시 비슷하다. 거기다 위에서 예수를 십자가에서 내리는 두 인물도 십자가를 중심으로 대칭을 이룬다. 놀랍게도 이 대칭이 기계적이거나 인위적이지 않고 자연스럽기만 하다!

16세기 플랑드르 작품으로 요아킴 파티니르의 〈스틱스 강을 건너는 카론〉을 본다. 프라도 미술관은 17세기 플랑드르 회화 컬렉션은 빈약하지만, 그 이전 작품들은 훌륭한 편이다. 스페인 왕인 펠리페 2세가 유머러스하거나 기괴한 작품을 좋아하는 취향이 많이 반영되었다. 왕이 특별히 좋아한 화가가 이 그림을 그린 파티니르와 뒤에 볼 히에로니무스 보스다.

그림은 광활하고 호쾌한 풍경이다. 지옥에 흐르는 여러 강 중하나인 스틱스 강을 그렸다고 하지만 실제 자연과 매우 흡사하다. 중앙에 커다란 강이 흐르고 작은 지류가 여기에 합쳐진다. 그 위로 지옥의 뱃사공 카론이 한 영혼을 데리고 강을 건너고 있다.

왼쪽 강둑은 평화롭다. 바위 위에는 날개를 펼친 천사가 보이고 다른 천사들은 나무 뒤에 가려져 있다. 멀리 수정으로 만든 성도 나타난다. 반면 오른쪽 강둑은 지옥의 풍경 그대로다. 머리가 세 개 달린 무서운 개 케르베로스가 지옥의 입구를 지키고 멀리 뒤로는 시뻘건 불길이 어른거린다.

그림은 상상과 실제 자연의 풍경이 어우러져 놀라운 효과를 만들어낸다. 둘의 경계가 모호하다. 파티니르에게 그림의 주제란 단지 부차적인 것이다. 그는 상상과 현실이 한데 섞이는 환상적인 효과에 주목했다.

다음으로 보는 플랑드르 회화는 히에로니무스 보스 〈열락의 정원〉. 중세인의 온갖 기이한 상상이 환상의 날개를 달고 찬란하게 빛나는 그림이다. 수수께끼 같은 신비함으로 가득 찬 작품은 혹시 보스가 연금술이나 이단 종교에 빠져 있던 것은 아닌가 하는 의심마저 들게 한다.

작품은 크게 세 부분으로 나누어진다. 시간 순으로 왼쪽부터 에덴동산, 현세, 그리고 지옥이다. 중앙은 쾌락의 정원garden of delights. 여기서 작품 전체의 제목을 따 왔다. 원래 제단화로 만들어져 덮개가 있는데 이를 덮으면 천지창조 세 번째의 날 풍경이 나타난다. 지구에 물이 생겨나는 날의 모습이다.

왼쪽 패널과 중앙 패널은 색채와 배경으로 그렸다. 따뜻하고 평안한 낙원 모습이다. 먼저 왼쪽 패널을 보면 아래쪽에 이브의 탄생이 보인다. 주위에는 오래 전 낙원에 있었을 법한 동물들이 등장한다. 위쪽에는 공상과학 영화에 등장하면 딱 맞을 특이한 핑크색 구조물도 보인다.

오른쪽 중앙 패널이 현세 부분이다. 선악과를 먹고 낙원에서 쫓

히에로니무스 보쉬, 열락의 정원
나무 패널에 유채, 마드리드 프라도 미술관

겨난 인류가 죄를 뉘우치지 않고 육체의 쾌락에 빠져 다시 죄를 저지르는 모습이다. 패널 중앙에는 연못을 가운데 두고 말을 탄 많은 인간들이 원을 만들어 돌아가고 있다. 이는 언뜻 아메리카 인디언들을 연상케 한다. 15세기 아메리카 대륙을 정복한 스페인이다 보니 신대륙의 모습이 전해진 것이다. 그래서 당시 유럽에서는 찾아보기 힘든 특이한 광경과 많은 이국적인 생물체가 등장하는데 역시 신대륙의 영향을 받았기 때문인 것으로 보인다.

그 위쪽은 옆의 낙원처럼 꽃을 닮은 핑크색 구조물과 특이한 청색 구조물들이 있고 주위에는 다양한 모습의 인간들, 그리고 반인반어 같은 상상 속 생명체들이 등장한다. 작품 아래쪽은 본격적인 환락의 무대다. 여기에는 산딸기와 석류 같은 빨간색 과일이 많이 보이는데 이는 육체의 죄를 상징하는 도상들이다.

왼쪽에는 물 위에 붉은 과일이 떠 있고 그 위에 유리공이 얹혀졌다. 그 안에서는 지금 남녀가 사랑을 나누는 중이다. 유리는 깨지기 쉬운 것으로 세속의 행복이 그만큼 연약하고 헛된 것임을 의미한다. 과일 옆에 구멍이 나고 남성의 생식기를 상징하는 유리가 밖으로 튀어나왔다. 안에서 남자가 밖을 쳐다보는데 앞에는 쥐가 유리 안으로 들어오려고 한다. 쥐는 인간을 악으로 유혹하는 사악한 존재다.

오른쪽 포도를 둘러싸고 있는 인물들, 석류 안에 들어간 남녀, 커다란 조개껍질 안의 부둥켜안은 남녀 등은 이들 모두 쾌락의 노예가 된 자들이다. 그리고 왼쪽에는 거대한 새들이 인간과 같이 어울리고 있다. 인간과 동물이 본능으로 통하는 세상이다. 오른쪽 끝에는 등이 붙은 듯한 인간이 상체는 딸기, 머리는 올빼미가 된 채춤을 추기도 한다.

이제 마지막 오른쪽 패널을 보면 이들은 저지른 죄에 대한 벌을 받는 중이다. 패널 위쪽은 옆 장면들과는 확연히 다른 지옥이 그려졌다. 무너져 가는 건물 뒤에서 불길한 빛이 하늘로 향한다. 그 아래로 거대한 귀가 보이고 그 사이에 칼날이 나와 있다. 귀에 새겨진 글자 'M'은 문두스Mundus, 즉 남성을 의미한다. 전체 형상이 남자의 성기를 은유하는 한편, "귀 있는 자는 들어라"라는 성서의 교훈을 말한 것으로도 보인다. 이 괴물 귀는 지금 수많은 인간들을 짓밟고 있다.

이 귀 아래에는 나무뿌리 같은 거대한 부서진 알 껍질이 그려졌다. 그 안으로 나방을 닮은 괴물체가 죄 지은 자를 재촉하며 올라간다. 바로 뒤에는 신비한 표정을 한 인물이 커다란 모자를 쓰고 얼굴을 내밀고 있는데 화가인 보스 자신으로 추정하기도 한다.

지옥편의 주요 장면도 역시 다른 패널들처럼 아래쪽에 등장한다. 특히 오른쪽에 보면 새 머리를 한 괴물이 의자에 앉아 사람을 입으로 삼키고 있다. 아래로는 유리 속으로 다른 인간을 배설하는 중

이다. 그의 발치에는 흉측한 나무괴물이 앉아 있는 여자에게 다가가고 있다. 오른

쪽 아래 끄트머리 쪽에도 끔찍한 장면이 등장하는데 수녀복을 입은 돼지가 남자에게 억지로 키스하려고 한다. 모두 놀라운 상상력으로 만들어낸 환상적인 장면들이다.

이탈리아 회화로 먼저 보는 것은 티치아노의 〈다나에와 황금비〉이다. 올림포스 신들의 왕 제우스가 다나에와 사랑을 나누기 위해 황금의 비로 변신해서 내리는 이야기는 티치아노뿐 아니라 수많은 화가들의 상상력을 불러일으켰다.

다나에는 때로는 이 그림처럼 수동적인 자세로 누워 있기도 하지만, 때로는 능동적이고 요염한 모습으로 등장하기도 한다. 그녀는 순전히 제우스에게 당하기만 하는 인물은 아니다. 다나에의 이야기를 황금에 눈이 멀어 정조를 바치는 여자의 이야기로 해석하는 것이다. 이때 황금비를 아예 노골적으로 금화로 바꿔서 그리기도 했다. 이 그림에서도 다나에 위로 동전이 쏟아지는 것을 볼 수 있다. 다나에 옆의 시녀도 다양한 연령과 포즈로 등장하는데 여기에서는 하늘에서 떨어지는 금화를 받으려고 옷자락을 펼치는 추한 노파로 그려졌다.

베네치아 회화답게 풍부하고 호화로운 색채, 그리고 빛나는 누드는 배경의 어둠과 황금빛 동전 세례에 의해 더욱 강조된다. 스페인 왕 펠리페 2세는 이 그림을 후한 가격에 구입했고 티치아노의 다른 작품인 〈비너스와 아도니스〉를 완성할 것을 약속받았다.

〈다나에와 황금비〉는 훗날 18세기 말 카를로스 3세 때 큰 비

티치아노, 다나에와 황금비
캔버스에 유채, 129cm × 180cm,
마드리드 프라도 미술관

티치아노, 비너스와 아도니스
1554, 캔버스에 유채, 186×2017cm,
마드리드 프라도 미술관

난을 받아 자칫 작품이 사라질 뻔하기도 했다. 엄격한 기독교 윤리로 보면 지나치게 관능적이고 음란해 보인 것이다. 다행히 예술 아카데미로 옮겨져 오랫동안 숨겨 뒀던 덕분에 오늘날 우리가 볼 수 있게 된 것이다.

다음으로 보는 이탈리아 회화는 티치아노의 〈비너스와 아도니스〉이다. 풍부하고 부드러운 색채 사용이 인상적인 이 작품은 티치아노가 카를로스 5세 뒤를 이은 펠리페 2세를 위해 제작한 것으로 신화에 나오는 신들의 사랑을 그린 〈포에지에〉 연작 중 하나다. 앞에서 본 〈다나에〉 역시 마찬가지다.

화면 중앙에는 여신 비너스가 등을 돌린 채 인간인 아도니스를 못 가게 잡고 있다. 사랑하는 남자가 사냥을 나갔다가는 죽을 것을 알고 이를 필사적으로 말리는 것이다. 언제나 사랑을 희롱하던 그녀가 아들 큐피드의 장난으로 그만 진짜 사랑에 빠진 것. 그러나 그녀의 간절한 몸부림도 헛되게 이미 아도니스의 몸은 앞쪽으로 훌쩍 나가고 있다. 정작 이 비극을 불러온 장난꾸러기 큐피드는 나무 아래에서 낮잠을 자고 있다.

그들 뒤의 하늘은 구름이 잔뜩 끼어서 앞날의 불행을 예고하고 있다. 아도니스가 끌고 나가려는 사냥개들 또한 수심에 찬 표정으로 주저하고 있다. 개들도 주인의 운명을 알고 있는 것이다. 부드러운 빛이 그들을 감싸며 비극적인 운명의 사랑을 암시한다.

뒤러, 자화상
1498, 나무에 유채, 52×41cm, 마드리드 프라도 미술관

마드리드 프라도 미술관

독일 회화로는 뒤러의 작품이 대표적이다. 뒤러의 〈자화상〉은 그의 자화상 중에서 가장 널리 알려진 것이다. 뒤러는 13살 때부터 자화상을 그리기 시작했는데 드로잉이나 유화로 옷을 입거나 누드 상태 등 다양한 작품을 남겼다. 그만큼 다양한 자화상을 그린 화가도 많지 않다.

이탈리아 르네상스의 레오나르도나 라파엘로에 비교될 만큼 지적인 호기심도 남달랐던 그는 회화, 판화, 조각 등 다양한 분야에 걸작을 남겼을 뿐 아니라 대칭과 원근법에 관한 논문을 쓰기도 했다. 이탈리아와 플랑드르 지방을 여행하며 그 영향도 받았지만 근본적으로는 독일 화가의 정체성을 지켰다.

이 작품은 그가 27세에 그린 것으로 최고의 기량을 발휘하고 있다. 자신을 예수처럼 그릴 정도로 자기애가 강했던 뒤러는 여기에서도 화가이기보다는 고귀한 귀족의 모습으로 자신을 묘사하고 있다. 그가 입은 의상은 세련되고 우아하며, 잘 손질된 머리는 멋진 모자가 감싸고 있다. 수염 역시 꼼꼼하게 손질해서 머리와 잘 어울린다. 가슴을 덮은 속옷은 여성의 드레스처럼 살짝 늘어져 있고 장갑 또한 여성적이다. 장갑은 관절이 다 드러날 정도로 손에 딱 붙은 고급제품이다.

뒤 창밖으로 보이는 자연풍경 또한 앞의 인물과 어울리며 그림 전체의 조화를 만들어낸다. 눈 덮인 회색 산과 호수, 갈색의 봉우리는 자화상 색조와 거의 일치한다. 인물과 풍경 모두 묘사가 정교하지만 이것이 그림 전체의 효과를 손상시키지는 않는다. 인물의 감

뒤러, 아담과 이브
1507, 나무에 유채, 각각 209×80cm,
마드리드 프라도 미술관

정 또한 제대로 관객에게 전달된다,

뒤러의 다른 작품은 〈아담과 이브〉이다. 이 작품은 독일 르네상스가 만들어낸 최고의 누드화로 완벽한 고전적인 스타일을 보여준다. 이탈리아 화가인 조르조네나 티치아노의 누드를 연상케 하지만 그들과는 달리 불건전하거나 관능적인 면이 나타나지 않는다.

같은 모티프의 다른 작품들처럼 이 2폭화 역시 때로는 서로 분리돼 독립된 작품이 되기도 하고, 때로는 둘이 합쳐져 인류의 원죄라는 주제를 표현하기도 한다. 이브는 나뭇가지를 감은 뱀으로부터 사과를 받고 다른 손으로는 가지를 부러뜨려서 아담에게 건네주고 있다. 이렇게 두 그림은 서로 연결이 된다,

두 인물의 완벽한 몸매는 이탈리아 르네상스 회화를 많이 닮았다. 그들의 주요 부위는 나뭇가지로 교묘하게 가려졌다. 그들의 발치에는 돌이 나뒹굴지만 배경은 아무것도 보이지 않는 어둠이다. 그렇지만 그들의 머리카락은 바람에 휘날리고 있는데, 이것은 사탄의 숨결을 의미한다.

프라도 미술관의 대표 컬렉션은 아무래도 본국인 스페인 회화다. 가장 먼저 보는 것은 엘 그레코의 〈양치기들의 경배〉다. 널리 알려졌다시피 엘 그레코는 화가의 별명. 그리스 출신으로 이탈리아를 거쳐 스페인에 정착한 그를 사람들이 그리스 사람(엘 그레코)으로 부른 까닭이다. 본명은 도메니코스 테오토코폴로스.

엘 그레코, 양치기들의 경배
캔버스에 유채, 319×180cm, 마드리드 프라도 미술관

엘 그레코, 삼위일체
1579, 캔버스에 유채, 300x179cm, 마드리드 프라도 미술관

이 작품은 엘 그레코의 전성기 시절에 그려진 것으로 스페인의 옛 수도인 톨레도의 성당 제단을 장식하던 세 패널 중 하나다. 마구간에서 태어난 아기 예수를 경배하는 것은 보통 이국적인 용모의 동방박사로 그려졌지만 여기서는 보다 현실적인 양치기들로 대체되었다.

이 그림은 엘 그레코의 걸작 중 하나로 꼽히지만 오랫동안 먼지로 뒤덮여 있었다. 그 후 묵은 먼지와 바니쉬를 제거하고 나서야 진면목을 드러내게 되었다. 중앙의 아기 예수로부터 나오는 빛을 받는 양치기와 성모, 천사 들은 신비하면서 한편으로는 기괴한 색채로 그려졌다. 인물들은 지상이 아닌 천상에서 구름을 타고 하늘에 떠 있는 듯하다.

그의 다른 작품으로 〈삼위일체〉를 본다. 앞의 〈양치기들의 경배〉에서 인물들은 땅 위에 있으면서도 마치 공중에 떠 있는 것같이 그려진 반면, 이 그림 속에 등장하는 이들은 아예 하늘 위로 올라갔다. 그림 중앙에 성부가 그리스도를 부축하고 그 위에는 성령의 비둘기가 날고 있다. 그리고 애통해하는 천사들이 그리스도를 부축하며 주위를 둘러쌌다.

이들을 받치고 있는 것은 구름이다. 푹신푹신한 구름으로는 무게를 감당하기에 약하다고 느낀 것일까. 엘 그레코는 구름을 단단한 질감이 느껴지도록 묘사했다. 그러나 광물성의 구름만으로도 그리스도를 받치기에 부족하다고 생각한 그레코는 그의 발치에 아기

후안 산체스 코탄, 정물화
1602, 캔버스에 유채, 68×89cm,
마드리드 프라도 미술관

천사들을 배치했다. 기괴한 느낌의 목만 그려진 아기 천사들은 마치 눈물을 흘리는 돌처럼 보인다.

후안 산체스 코탄의 〈정물화〉는 스페인 회화에서 희귀한 장르인 정물화다. 코탄은 당대에 인기 있던 보데곤(스페인어로 정물화)에 뛰어난 솜씨를 발휘한 화가였다. 검은 배경 앞에 놓인 여러 음식재료들은 언뜻 17세기 네덜란드 정물화와 비슷하다.

어둠을 배경으로 바깥으로 튀어나올 듯 생동감 있게 그려진 과일과 채소, 조류 들은 자신의 존재감을 한껏 드러낸다. 그러나 한편으로는 곧 사라져버릴 듯한 위태로움도 간직하고 있다. 이는 네덜란드 정물화에서 느끼는 것과도 일치한다. 복잡한 구성의 그림에서 양쪽 사각 틀에 기대고 있는 식물들이 이를 더욱 강조한다. 먹음직스럽고 아름다운 존재지만 이것들은 마치 순간적인 쾌락을 줄 뿐이라고 하는 것 같다.

다음으로 볼 작품은 프라도 미술관의 명실상부한 대표작 벨라스케스의 〈라스 메니나스(시녀들)〉이다. 단지 미술관의 대표작품일 뿐 아니라 서양회화사 전체를 통틀어서도 최고로 꼽히는 작품 중 하나다.

천장이 높은 방에 화가가 커다란 캔버스 앞에 서 있고 그 앞에 화사하게 차려 입은 공주와 그녀를 시중드는 시녀, 궁중의 난장이, 수행원 등 다양한 인물들이 등장한다. 배경에는 왕과 왕비가 거울 속에 보인다. 이 모든 인물들이 한자리에 모인 것만으로도 대단한 사건이 아닐 수 없다. 화가는 이것을 영원히 그림으로 남겼다.

이 작품이 탄생하게 된 것은 다음과 같은 과정을 거치고 나서일 것이다. 1656년 어느 여름 날, 마드리드 알카사르 궁 왕자의 방에서 벨라스케스가 펠리페 4세와 마리아나 왕비의 초상화를 그리고 있었다. 왕실의 전폭적인 지지를 받던 그는 이미 이 방을 작업실로 자유롭게 사용하던 중이었다.

그때 당시 4살밖에 안 된 마가리타 공주가 방에 들어왔다. 그리고는 방 안에서 벌어지는 광경을 구경하기 시작했다. 그러자 항상 그녀를 따라다니는 수행원들 역시 같이 머무르게 되었다. 이때 갑자기 뒤쪽의 문을 열고 시종이 등장하며 방 안으로 빛을 불러들였다.

왕과 왕비를 그리는 곳에 나타난 불청객들, 한참 그림을 그리던 벨라스케스는 이 광경에 매혹되었다. 그는 좀처럼 한 공간에 모이기 힘든 인물들의 군집이 만들어내는 조형미와 색채의 아름다움에 빠지고 말았다. 그래서 원래의 왕 부부의 초상화를 그리던 것을 멈추고 이 광경을 그리기로 했다. 마치 자신이 아닌 다른 화가가 이 장면을 그리는 것처럼.

벨라스케스는 원래 자신의 뒤쪽에 있던 공주와 시녀, 수행원, 개를 앞으로 배치했다. 자신은 그들 뒤에서 그림을 그리는 중이다. 그 뒤로 시종이 문을 열고 들어오는 장면을 재현하고 거울에는 왕 부부가 흐릿하게 비치는 모습을 그렸다.

작품의 제목인 〈라스 메니나스(시녀들)〉에서 메니나스는 포르

벨라스케스, 라스 메니나스(시녀들)
1656, 캔버스에 유채, 318×276cm,
마드리드 프라도 미술관

투갈어로 '소녀'를 뜻하며 스페인 궁중에서 왕족의 시중을 들던 귀족을 가리킨다. 지금 공주 좌우의 시녀 두 명이 공손한 자세로 시중을 드는데 오른쪽 시녀는 무릎을 꿇고 차가운 물이 든 잔을 건네고 있다. 공주는 목이 마르다고 칭얼대던 중이었다.

공주 왼쪽으로는 궁중 광대인 여자 난장이와 심부름하는 아이가 보인다. 그들 발치에는 왕실에 어울리는 귀족적인 얼굴을 한 개도 앉아 있다. 그리고 지금 어린 광대는 개를 발로 차며 장난을 치는 중이다.

근엄한 왕실 초상화로는 상상하기 힘든 광경이지만 사실 이런 일상적인 실내풍경은 플랑드르 회화에서 흔히 그려졌던 것이다. 그럼에도 불구하고 벨라스케스는 이를 최고의 경지로 끌어올렸다. 그는 색채를 이용해 공기 원근법과 공간을 완벽하게 재현했다. 그림 속 공간은 눈앞의 실제 장면처럼 느껴지고 인물들은 곧 움직일 것처럼 생생하다.

작품의 중요한 장치가 되는 그림 속 거울도 반 에이크나 다른 플랑드르 화가들의 작품에도 자주 등장하는 소품이다. 하지만 이 작품 속 거울은 그것들과도 다르다. 단지 그림을 그리는 화가나 다른 인물의 존재를 보여주기 위해 거울의 반영을 사용하는 것이 아니다. 이때 거울은 거울과 전경 그룹 사이 중간 공간으로 시선을 유도하는 장치로 사용된다. 그럼으로써 관객이 그림이 인도하는 공간으로 완전히 빠져드는 듯한 느낌을 갖게 한다.

우리는 벨라스케스가 만든 놀라운 공간 속으로 자신도 모르게 들어와 있는 것을 발견하게 된다. 그래서 이 작품 앞에 서면 일종의 현기증이 느껴지기도 한다.

벨라스케스의 여러 작품 중 다음으로 보는 것은 〈베 짜는 여자들〉이다. 약간 어두운 작업장 안에서 여자들이 베를 짜는 모습을 그린 이 작품은 한때 왕실 태피스트리 작업장의 일상을 그린 것으로 여겨졌다. 하지만 그림 속 후경이 단서가 되어 아라크네의 신화를 그린 것으로 받아들이고 있다.

오비디우스 〈변신〉에 등장하는 아라크네는 베를 잘 짜기로 유명한 여자였는데 교만이 지나쳐 여신 아테나에게 대결을 청하기에 이르렀다. 여신은 자신의 신분을 숨기고 노파로 변신해 아라크네에게 경고하지만 결국은 대결을 펼치게 된다. 그림 전경에 이 모습이 그려졌다. 오른쪽에 등을 보이고 베를 짜는 여자가 아라크네이고 왼쪽에서 물레를 잣는 여자가 여신 아테나이다. 노파의 손과 물레의 살이 보이지 않을 정도로 물레가 빨리 돌아가고 있다.

뒤쪽 둥근 무대에는 거대한 태피스트리가 걸려 있고 그 앞에는 고전적인 의상의 아라크네와 갑옷에 방패를 든 여신 아테나가 등장한다. 전경에 그려진 대결을 끝낸 참이다. 아라크네가 태피스트리에 짠 장면은 신들의 왕 제우스가 인간 여자 유로파를 겁탈하는 장면을 묘사한 것. 교만한 아라크네가 아테나를 비롯한 신들을 모욕하려고 짠 것이다. 결국 이에 분노한 아테나는 아라크네를 영원히 실을 잣는 거미로 만들어버리고 만다. 사실 유로파의 겁탈은 원래

벨라스케스, 베 짜는 여자들
1657, 캔버스에 유채, 220×289cm, 마드리드 프라도 미술관

고야, 포도 수확
1786, 캔버스에 유채, 275×190cm,
마드리드 프라도 미술관

티치아노가 그린 작품이다. 벨라스케스는 이 거장에 대한 오마주로 그의 작품을 여기에 그려 넣은 것이다.

벨라스케스와 더불어 고전회화의 거장인 고야의 〈포도 수확〉은 프라도 미술관의 고야 작품 중 초기에 속하는 것이다. 밝고 화사한 톤으로 그린 인물들은 세상과 삶에 대한 낙관으로 가득하다. 당시 고야는 카를로스 3세의 궁정화가로 막 임명된 후였다.

미술관 전시실 중 가장 높은 층에 있는 방에는 고야가 이 시기에 그린 비슷한 톤의 작품들이 여럿 걸려 있다. 후에 그가 그린 신랄하고 어두운 그림들과 사뭇 다른 것들이다. 고야는 이때 마드리드 근교 에스코리알에 있는 가브리엘 왕자의 집을 장식할 태피스트리의 밑그림이 되는 작품들을 주문받았다. 자칫 삽화로 착각하기도 하지만 캔버스에 그린 작품이었다.

그중에서 이 작품 〈포도 수확〉은 '4계절' 시리즈에 속하는 것으로 가을을 그린 것이다. 그의 많은 태피스트리 밑그림 작품 중에서도 이 시리즈는 특히 통일성이 뛰어나고 흥미롭다. 고야는 사계절을 알레고리를 이용해 묘사하고 있다. 봄은 '꽃 소녀', 여름은 '들판', 가을은 '포도 수확', 겨울은 '눈'이라는 제목을 각각 달고 있다. 특히 가을을 그린 이 작품과 봄을 그린 것이 뛰어나다.

고야는 이 작품에서 예리한 시선으로 자연과 인물들을 묘사한다. 바닥에 있는 포도 잎과 여자가 머리에 이고 있는 바구니 속 포도, 그리고 여자들의 스커트에 뛰어난 관찰력을 보여준다. 장식용 태피스트리를 위한 작품이지만 여기서도 고야의 냉철함은 잘 드러난다. 앞쪽의 귀족과 부인들 바로 뒤에 포도를 수확하는 농부들을 그린 것은 그의 철저한 사실주의를 바탕으로 한 것이다.

프라도에는 특히 고야의 작품이 많이 소장되어 있다. 고야의 대표작이 모두 여기에 있다고 해도 과언이 아니다. 고야의 〈옷 벗은 마하〉는 벨라스케스의 〈라스 메니나스(시녀들)〉와 더불어 프라도의 대표작이라 할 수 있다.

서양 누드화 역사에서 이 그림은 혁신적인 가치를 지니고 있다. 여자 모델은 단순하지만 고급스러운 비단 침구 위에 한껏 요염한 자세로 기댄 채 누워 있다. 다소 어두운 조명은 관객으로 하여금 침실에 은밀히 들어간 듯한 느낌을 갖게 한다. 그녀는 지금 관객을 똑바로 쳐다보고 있다. 당당하게 유혹하는 눈빛이다. 몸을 가리는 것도 전혀 없는데, 일말의 수치심도 느껴지지 않는다.

이전의 누드화가 이상화된 인물을 그렸다면 고야의 그림에서는 생생한 현재의 인물로 등장하는 것이다. 성서나 신화의 이야기를 그림으로 옮기는 것이 아니라 그림 속 모델이 만들어 내는 효과에 집중하고 있다. 후일 마네의 〈올랭피아〉는 이 그림에서 많은 영감을 받고 그려진 것이다.

고야가 이 모델과 같은 인물을 그린 것이 〈옷 입은 마하〉다. 모델에 대해서는 이 그림을 주문한 재상 고도이의 정부라는 설과 고야가 사랑한 알바 공작부인이라는 설이 있다. 제작 시기는 앞의 그

▲ 고야, 옷 벗은 마하
1798, 캔버스에 유채, 97×190cm, 마드리드 프라도 미술관
▲ 고야, 옷 입은 마하
1798, 캔버스에 유채, 96×190cm, 마드리드 프라도 미술관

고야, 친촌 백작 부인 초상화
1800, 캔버스에 유채, 300×179cm, 마드리드 프라도 미술관

림을 먼저 그리고 나중에 이 작품을 그린 것으로 본다.

그림 속 모델은 앞 그림과 똑같은 공간과 조명에 같은 포즈를 취하고 있다. 이 그림 역시 누드를 먼저 그리고 그 위에 옷을 겹쳐 그린 것으로 보기도 한다. 그림 속 여자가 입은 의상은 매우 호사롭다. 눈부신 실크 드레스에 볼레로 재킷을 걸치고 화사한 분홍 허리 띠를 두르고, 금실로 수놓은 뾰족한 구두를 신었다. 옷차림만으로도 그녀가 상류사회 출신임을 쉽게 알 수 있다. 그러나 그녀는 귀부인 의 정숙한 포즈와는 다르게 자유로운 포즈와 행동을 취하고 있다. 한껏 상기된 얼굴로 관객을 쳐다보며 유혹의 눈길을 보내고 있다.

고야는 초상화의 대가로 많은 걸출한 초상화를 남겼다. 먼저 보는 것은 〈친촌 백작 부인 초상화〉다. 검은 배경 앞으로 눈부시게 빛나는 드레스를 입은 인물은 당대 최고의 권력자인 재상 고도이의 부인이다. 고도이는 무능한 카를로스 4세를 대신해 왕비 마리아 루이자와 손을 잡고 국정을 마음대로 주무른 실력자였다.

고야는 그림 속 모델이 어렸을 때부터 이 귀족 가문의 초상화 를 그렸다. 이 작품은 그녀가 결혼 후 아이를 임신한 상태에서 그린 것이다. 그녀는 한껏 수줍고 순수한 표정을 짓고 있다. 자신의 모습 을 그리는 것을 부끄러워하는 것 같다. 그녀의 드레스 위에 부드럽게 퍼지는 빛은 황홀하지만 부드럽다. 고야는 자유롭고 간결한 붓터치로 그녀의 풍성한 곱슬머리와 모자를 실감나게 표현하고 있다.

왕실 화가였던 고야는 그의 본업에 맞게 왕실 초상화도 남겼

고야, 카를로스 4세 가족 초상화
1801, 캔버스에 유채, 280×336cm, 마드리드 프라도 미술관

고야, 거인
1812, 캔버스에 유채, 116×105cm, 마드리드 프라도 미술관

다. 그중에 가장 유명한 작품이 〈카를로스 4세 가족 초상화〉다. 작품은 고야가 존경한 선배화가 벨라스케스의 변주로도 보인다. 대표적인 것이 〈라스 메니나스(시녀들)〉의 벨라스케스처럼 캔버스 앞에 선 자신을 그림 왼편에 그려 넣은 것이다.

왕실 화가이면서도 다양한 인물과 장르의 작품을 그렸던 고야는 여기서도 특유의 예리하고 신랄한 시선을 드러내고 있다. 중앙의 카를로스 4세와 왕비를 중심으로 양 끝에 가족들이 모여 있는 구도로 그렸지만, 이들은 일반적인 왕가의 인물들과는 다른 모습이다. 위엄 있고 고귀하기보다는 생기가 없고 얼이 빠져 있는 듯하다.

고야는 왕보다는 왕비에 더 비중을 두고 그리고 있는데 이는 당시 무능한 왕 대신 마리아 루이자 왕비가 내연 관계인 재상 고도이와 함께 실권을 휘두른 것을 반영하고 있다. 왕비 또한 멍청해 보이는 왕만큼 거만하면서 우스운 모습으로 그려졌다. 프랑스 소설가 고티에가 이 왕 부부를 보고 복권에 당첨된 빵집 부부라고 비꼰 것도 무리가 아닐 정도다.

하나같이 세련되지 못하고 우스꽝스러운 어른들 틈에 낀 아이들만이 발랄함으로 그림에 생기를 불어넣어 준다. 이런 그림을 보고 과연 왕 부부는 어떤 반응을 보였을까. 놀랍게도 모두 만족했다고 한다.

고야의 작품 중에 빼놓을 수 없는 것이 동판화 연작인 〈로스 카프리초스(변덕)〉 시리즈다. 그는 이 판화집에서 유머와 풍자로 끔찍한 환상의 세계를 만들어냈다. 〈거인〉은 이 판화들 중에서 그가 특별히 큰 사이즈의 유화로 제작한 것이다.

그림 아래쪽에는 사람과 소떼들이 미친 듯 도망을 치고 있다. 그들은 산 위의 구름을 헤치고 나타난 거인을 보고 혼비백산한 모습이다. 거인은 유령인지, 아니면 실제 모습인지 모호하다. 막상 그는 아래에서 벌어지는 혼란에 무관심한 듯하다. 실제의 형태라기보다는 상징적인 의미가 강하다.

이 그림에는 정치적인 의미가 복합적으로 드러난다. 거인은 당시 스페인을 침략한 나폴레옹이거나 아니면 공포, 혹은 창궐하는 역병으로 해석할 수 있다. 고야는 아카데믹한 예술의 둥지 안에 숨지 않고 세태에 민감하게 반응하며 신랄하고 예리한 시선의 작품들로 세상에 답한 것이다.

프라도 미술관의 고야 작품 중 가장 유명한 것은 〈1808년 5월 3일〉이다. 이 작품은 나폴레옹 군대의 스페인 침략 시기에 일어난 봉기에 대한 처형을 그린 것이다. 그러나 이 사건의 단초가 되는 바로 전날의 사건을 그린 작품은 상대적으로 잘 알려져 있지 않다.

고야의 〈1808년 5월 2일〉은 프랑스군 점령 당시 일어났던 민중봉기를 그린 작품이다. 나폴레옹이 이끄는 프랑스군이 스페인을 점령하고 있던 1808년 5월 2일, 마드리드 시민들이 이에 항거하여 봉기했다. 이때 시민들을 진압한 것은 프랑스군 휘하의 이집트 기마병 맘루크였다. 그래서 그림 속에서 말을 타고 칼을 휘두르는 인물들은 터번에 아랍 옷을 입은 병사들이다.

고야, 5월 2일
1814, 캔버스에 유채, 268×347cm,
마드리드 프라도 미술관

고야, 5월 3일
1814, 캔버스에 유채, 268×347cm,
마드리드 프라도 미술관

그림을 보면 왼쪽에서 오른쪽으로 이집트 기병들이 거세게 달려드는데 보잘 것 없는 무기를 들고 공격하는 사람들에게 거세게 공격을 받는다. 말들도 바닥에 쓰러진 많은 시체들 때문에 당황한다. 왼쪽에서는 노란 색 옷을 입은 남자가 뛰어오르며 기병을 공격하고 있다. 중앙에는 이미 말 위에서 쓰러져 떨어지는 기병을 검은 옷을 입은 남자가 높이 칼을 들어 찌르려 한다. 뒤쪽에서 이들을 바라보는 기병들은 아래쪽 사람들을 공격하려고 하지만 이미 그들의 눈은 겁에 질렸다.

고야는 당시 사건을 시민들 봉기가 일방적으로 진압당한 것이 아니라, 이들이 과감하게 대항했던 것으로 그리고 있다. 그 결과 시민들이 침략자에게 잔인하게 학살당하는 것이 아니라 오히려 그들이 더 잔인하게 공격하는 것으로 보인다. 한편, 이집트 기병들의 모습은 오래전 스페인을 지배했던 아랍인들이 돌아온 듯한 느낌도 나게 한다.

이 작품 속 사건 바로 다음 장면이 고야의 〈1808년 5월 3일〉에 등장한다. 어둠이 깊게 내린 황량한 도시 외곽, 처형을 기다리는 사람들과 일제히 총을 겨눈 프랑스 병사들이 보인다. 실제 처형도 1808년 5월 3일 새벽 4시에 이루어졌고, 총 43명의 사람들이 희생되었다.

화면의 유일한 빛은 군인들 앞에 놓인 등불이다. 그 빛이 뒤쪽 벽에 반사되고, 하얀 셔츠를 입고 팔을 들고 있는 사람을 중심으로 주변 인물들에게 비춘다. 그의 포즈는 마치 십자가형을 당하는 것 같은데 옷차림으로 보아 수도사로 보인다. 그는 담담한 표정으로 이 학살에 항거하고 있다.

그의 옆으로 겁에 질려 손으로 눈을 가린 사람, 구원을 바라듯 하늘을 올려보는 사람, 양손 주먹을 불끈 쥐고 분노한 사람 들이 모여 있다. 수도사는 공포에 떠는 이들을 대신하고 구해주려는 것 같기도 하다. 오른쪽 역시 눈과 귀를 가린 사람들은 다가올 처형을 기다리는 사람들이다. 그들 역시 두려움에 떨기는 마찬가지다. 바닥에 처참하게 피를 흘리고 늘어선 시체들이 이들의 공포를 더욱 크게 한다.

반대편에는 얼굴도 보이지 않는 냉혹하게 총을 겨눈 군인들이 늘어서 있다. 마치 기계처럼 일말의 감정도 보이지 않는 그들은 후일 피카소 작품 〈한국에서의 학살〉에 등장하는 기계 인간들을 떠올리게 한다. 고야는 이 작품에서도 냉정하고 사실적인 시선으로 전쟁의 참상과 인간의 만행을 고발하고 있다.

티센 보르네미사 미술관은 프라도 미술관이나 레이나 소피아
미술관에 비해 유명세가 덜하다. 그러나 막상 가보면 숨겨진
보석 같은 미술관이라는 느낌을 받을 정도로 다양한 시대의
풍부한 컬렉션을 만날 수 있다.

독일과 헝가리계 귀족인 티센 보르네미사 가문은 대대로
많은 작품을 수집했다. 그들은 이 작품들을 세계대전의 광풍
속에서도 지켜냈고, 대중에게 공개하기 위해 노력했다.
스페인, 미국, 영국, 독일 등이 컬렉션 유치를 위해 경쟁을
벌이기도 했는데 그 결과 스페인 품에 안겨 오늘에 이르렀다.
여기에 결정적 역할을 한 것이 티센 남작부인 카르멘
세르베라다. 그녀의 애국심이 오늘날의 마드리드 티센
미술관을 만든 것이다.

티센 보르네미사 미술관(이하 티센 미술관)에서 먼저 가 보는 곳은 르네상스 전시실. 이곳에서는 15~16세기 르네상스 시대 유럽 여러 나라 초상화를 만나게 된다. 이 초상화 장르는 중세를 거치며 부를 쌓은 계급으로 인해 더욱 발전했다. 이들은 자신의 신앙을 증명하고 구원을 받을 목적으로 종교화를 주문했고, 화가는 그림 속에 이들을 기증자로 그렸다. 그러다 점차 독립적인 초상화 이미지를 갖게 되는데 처음에는 밋밋한 배경에 딱딱한 옆모습을 주로 그렸지만, 차츰 얼굴은 자연스럽게 정면을 향하고 배경도 다양해졌다. 실내의 인테리어나 자연 풍경, 알레고리의 요소들이 등장하는 것이다.

먼저 보게 될 이탈리아 초상화는 인물 포즈는 초기, 배경은 후기에 속하는 것으로 과도기 모습을 보여 주는 작품이다. 도메니코 기를란다이오의 〈지오반나 델리 알비치 토르나부오니의 초상〉은 화가의 대표적인 초상화이자 미술관이 자랑하는 소장품 중 하나다.

모델은 그림을 주문한 로렌초 토르나부오니의 부인 조반나. 그러나 그녀 생전이 아니라 사후에 그려진 것이다. 그녀가 아이를 낳다 스무 살도 안 된 나이에 죽자 남편이 그녀를 영원히 기억하기 위해 주문한 것으로, 자신의 가장 소중한 공간에 걸고 계속 보려 했던 것이다. 그녀는 이미 살아 있을 때 다른 작품에도 여러 번 등장해서 비록 죽은 인물이지만 초상화를 그리기가 어렵지 않았다고 한다.

화려한 그녀의 황금빛 가운(조르네아)에는 남편의 이름에서 딴 'L'자가 새겨져 있고, 가문의 엠블럼은 다이아몬드로 화려하게 장식돼 있다. 그녀는 양손에 반지를 끼고 손수건을 쥔 채 품위 있게 앉

도메니코 기를란다이오,
지오반나 델리 알비치
토르나부오니의 초상
1490, 패널에 템페라와 유채,
70×40cm, 마드리드 티센
보르네미사 미술관

아 있다. 정교한 헤어스타일이나 펜던트 등 장신구들은 그녀가 상류 계급의 여자임을 알려준다.

한편으로는 단지 그녀가 물질적인 것에만 관심을 갖지 않고 영적인 생활을 했음을 나타내기 위해 바로 등 뒤에 기도서가 그려 있다. 그리고 화가는 모델 목 바로 뒤 종이에 다음과 같은 글귀를 적었다.

"예술이여, 네가 그녀의 성품과 영혼을 그릴 수 있다면 그보다 더 훌륭한 작품은 없을 것이다."

자신의 작품과 예술적 성취에 대한 암시를 드러내는 것이라 볼 수 있다.

비토레 카르파초의 〈풍경 속 젊은 기사〉는 서양 회화 초상화 역사에서 중요한 작품이다. 앞의 초상화가 초기 세속 인물 초상화의 기념비적인 작품이라면 이 작품은 최초의 전신 초상화로 여겨진다. 인간의 모습이 점점 더 많이 드러나는 것이다. 그러면서 신비한 분위기를 잔뜩 자아낸다.

평화로운 자연 풍경 속에 젊은 기사가 서 있다. 주변 상황이 그리 위협적이지 않은데도 무슨 위험을 느끼기라도 한 것인지 젊은 기사는 칼집에서 칼을 빼내려 하고 있다. 모델이 누구인지에 대해서는 여러 설이 있지만 특정인이 아니라 이상화된 기사의 모습으로 보기도 한다. 모델의 정체를 밝히는 데 단서를 제공하는 것은 왼쪽 아랫부분의 흰 담비 위 종이쪽지에 써 있는 글귀, '명예를 더럽히느

비토레 가르파초, 풍경 속 젊은 기사
1510, 캔버스에 유채, 218.5×151.5cm, 마드리드 티센 보르네미사 미술관

니 차라리 죽을 것이다'. 이것 때문에 젊은 기사를 당대의 결사조직
인 '흰 담비의 명령'의 일원으로 보기도 한다.

그는 지금 화면 바깥의 어느 지점을 바라보면서 약간 향수나
우수에 젖은 분위기를 자아낸다. 그 뒤로는 말 탄 남자가 보인다. 개
를 데리고 가는 것으로 보아 사냥을 나가는 듯하다. 그러나 그의 시
선 역시 상당히 공허해서 무슨 사연이 있는 것 같다. 이들 주위의 자
연은 놀라운 솜씨로 세밀하게 묘사되었다. 말 탄 기사 뒤 건물과 멀
리 산 위의 도시 역시 마찬가지다. 작품은 전체적으로 비현실적인
분위기로 고귀한 개념을 표현하는 것으로 보이기도 한다.

다음은 베니스 화파의 작품. 조반니 벨리니의 〈눈크 디미티스
(아기 예수 봉헌)〉는 베니스 화파의 장기인 빼어난 색채 감각이 두드
러지는 작품이다. 특히 벨리니가 즐겨 사용하는 적색과 청색, 녹색
의 고전적인 조화가 여기에서도 아낌없이 드러난다.

그림의 주제는 유대 관습에 따라 아기 예수를 출생 40일 만에
사원에 데려가서 봉헌하는 것이다. 배경에는 낮은 산들이 평화롭게
누워 있는 자연이 보이는데 보통의 봉헌 장면이 사원의 실내에서
이루어지는 것과 다소 다르다. 작품 제목인 눈크 디미티스는 '이제
당신을 떠납니다'라는 뜻으로 그림 중앙의 성모가 아기 예수를 사
제에게 건네는 모습에서 그대로 재현된다.

다소 수심에 찬 얼굴의 성모는 자식에게 닥칠 험난한 고난과
희생을 예감하는 듯하다. 그 옆 여인의 표정에서도 역시 염려하고

조반니 벨리니, 눈크 디미티스(아기 예수 봉헌)
1510, 패널에 유채, 62×82.5cm,
마드리드 티센 보르네미사 미술관

안타까워하는 모습을 볼 수 있다. 아기를 받는 사제는 나중에 그를 핍박할 유대인들을 암시하듯 어두운 안색과 눈빛으로 다소 불길하다. 그래서인지 아기도 어머니에게서 떨어지지 않으려고 하는 것처럼 그려졌다.

이탈리아 회화의 마지막 작품은 안토니오 카날레토의 〈베니스 산 마르코 광장〉, 〈산 비오에서 바라보는 대운하〉다. 속이 탁 트이는 시원한 조망으로 베니스의 명소인 산 마르코 광장과 대운하를 세밀하게 그린 이 두 작품은 18세기 유럽 풍경화로 명성을 떨친 안토니오 카날레토의 그림이다. 화가의 초기 작품임에도 불구하고 그의 스타일이 그대로 드러난다.

이 그림은 도시 풍경화, 정밀 풍경화인 베두타veduta의 일종이다. 베두타는 이탈리아어로 전망, 조망 등을 말하는데 특히 베니스에서 크게 발전했다. 그 이유는 당시 유행하던 그랜드 투어의 영향이 컸다. 유럽 상류층 젊은이들은 이탈리아와 프랑스 문화유산들을 여행하면서 교양인으로서의 소양을 쌓고 한편으로는 현지에서 미술작품이나 책을 구매했다. 그들에게 미술작품은 나중에 집에 돌아가서도 추억을 되살리기에 좋은 품목이었다.

이들을 상대로 카날레토 같은 화가들이 여행지의 멋진 풍경화를 그렸는데 카날레토의 조카인 베르나르도 벨로토나 프란체스코 과르디도 풍경화로 유명했다. 유럽에서도 아름다운 문화유산으로 유명했던 베니스에서 이 장르의 회화가 발전했고, 이들 모두 베니

안토니오 카날레토, 베니스의 산 마르코 광장
1724, 캔버스에 유채, 141.5×204.5cm,
마드리드 티센 보르네미사 미술관

안토니오 카날레토, 산 비오에서 바라보는 대운하
1724, 캔버스에 유채, 141.5×204.5cm,
마드리드 티센 보르네미사 미술관

스 화가들이었다. 벨로토의 경우 카날레토와 거의 비슷한 객관적이고 사실적인 화풍이지만, 과르디는 보다 주관적이고 몽환적인 느낌을 주는 차이점이 있다.

산 마르코 광장 작품의 경우 지금 풍경과 거의 다르지 않을 정도로 자세하게 묘사가 되어 있다. 높은 곳에서 내려다보며 장대한 스케일로 그렸지만 세부로 들어가면 각 건물 장식들이나 인물들도 정교하게 표현되었다. 광장 오른쪽 바닥에는 막 타일 공사가 진행 중인 것으로 보아 작품 제작 연도를 추정할 수 있다. 광장에서 거니는 사람들의 복장이 지금과 다를 뿐이다.

대운하를 그린 작품 역시 같은 구도의 작품으로 대운하와 주변 건물, 멀리 보이는 산 마르코 성당을 한눈에 보여 준다. 전경에 돛을 단 배가 있는 모습만 다를 뿐 한참 곤돌라에서 노를 힘차게 젓는 뱃사공 모습까지 현재와 거의 흡사하다. 카날레토의 그림 속 사람들은 일상적인 활동을 하거나 도시의 축제 분위기에 빠져 있다. 지금의 베니스 풍광과 그리 다르지 않은 것이다.

다음은 16세기 독일 화가들의 작품이다. 소 한스 홀바인의 〈헨리 8세의 초상화〉는 독일 화가이지만 주로 영국에서 활동한 홀바인이 영국 왕 헨리 8세를 그린 초상화다. 바로 앞의 초상화가 완전한 인물 얼굴 옆면을 그린 것인 데 반해 여기서는 얼굴을 살짝 옆으로 돌린 모습을 담고 있다.

정력적인 헨리 8세의 시선은 다소 냉담하게 보인다. 그는 자기

소 한스 홀바인, 헨리 8세의 초상화
1537, 패널에 유채, 28×20cm, 마드리드 티센 보르네미사 미술관

앞에 있는 사람의 존재를 무시하는 듯하다. 젊은 시절 수려한 용모에 풍부한 인문학적 소양을 갖추고 예술에도 조예가 깊은 멋진 청년이었지만 나이가 들면서 비대한 몸집에 심술궂은 표정으로 바뀐 것이다. 무려 6번의 결혼을 할 만큼 대단한 여성편력을 벌이며 호색한 소리까지 들은 그의 삶이 초상화 속에 잘 드러난다고 하겠다. 그 과정에서 왕비들에게 누명을 씌워 죽이거나 유폐를 시키는 짓도 서슴지 않았으니 그의 얼굴에서 잔인함이 비치는 것도 무리는 아니다.

홀바인은 짙은 푸른색 배경 앞에 옅은 황금빛 왕의 얼굴을 배치해서 인물이 밝고 선명하게 보이도록 했다. 왕의 복장에 대단히 신경을 써서 표현한 것이 눈에 뜨인다. 특히 모자 윗부분의 털과 황금목걸이, 오른쪽 팔 부분은 극도의 세밀한 묘사로 감탄을 자아내게 한다.

다른 독일 화가의 작품으로 대 루카스 크라나흐의 〈분수 옆의 님프〉를 본다. 그림 속에는 목가적인 풍경을 배경으로 얇고 투명한 베일만 몸에 감은 누드의 요정이 풀밭에 누워 잠을 자고 있다. 마르고 긴 몸에 유난히 아랫배가 불룩 나온 모습이 특히 남부 유럽의 누드화와 구별된다. 이는 크라나흐의 누드 작품을 한눈에 알아채게 하는 결정적인 부분으로 다른 화가들도 이를 모방하게 만들기도 했다.

그림 오른쪽의 나무에는 활과 화살통이 걸려 있어서 사냥의 여신인 다이아나, 혹은 큐피트와 관련이 있음을 암시한다. 그림 왼쪽 윗부분 바위에는 라틴어 글귀가 새겨져 있다. 전통적으로 시인과 예

FONTIS NYMPHA SACRI SOMNVM
NE RVMPE QVIESCO.

대 루카스 크라나흐, 분수 옆의 님프
1534, 패널에 유채, 75×120cm, 마드리드 티센 보르네미사 미술관

술가들의 영감의 원천이 되는 여성을 나타내는 것으로 "나, 이 신성한 호수의 요정이 쉬고 있다. 나를 방해하지 마라."는 뜻이다. 지금 그녀가 잠을 자면서 예술가들에게 신성한 영감을 주고 있으니 깨우지 말라는 의미로 볼 수 있다.

다음으로 가는 곳은 17세기 네덜란드 회화 전시실. 티센 미술관이 한 가지 부족한 부분이 17세기 플랑드르 회화와 네덜란드 회화 섹션이다. 아무래도 당시 네덜란드와 30년 종교전쟁을 벌이면서 감정이 좋지 않다 보니 미술품 수집에도 소홀했을 것이다. 그래도 인상적인 작품을 꼽는다면 피터르 얀스 산레담의 〈위트레히트 성 마리 교회 서쪽 정문〉이다.

엄격하게 제어된 연한 색조와 단순함, 명료함이 특징인 이 작품은 산레담의 대표작으로 꼽히는 것이다. 화가는 빛의 섬세한 효과를 더해 그림 속 건물을 기념비적인 것으로 만들었다. 그는 위트레히트에서 약 2년 가까이 머물던 시기에 이 작품을 그렸다. 위트레히트는 특히 다른 도시들보다 교회가 많았다.

화가가 가장 매혹된 것이 로마네스크 양식의 성 마리 교회였다. 그는 이 교회를 여러 번 그렸는데, 지금은 총 4점의 작품이 남아 있다. 종교전쟁 후 구교 세력이 쇠퇴하자 교회들은 더 이상 제 역할을 못하게 된다. 그림 속 성 마리 교회 역시 산레담이 그림을 그릴 당시 가구 창고로 사용되고 있었다. 커다란 건물과 어울리지 않게 왼쪽 아래 아주 작게 세 명의 인물이 그려진 것은 이를 암시하

피터르 얀스 산레담, 위트레히트 성 마리 교회 서쪽 정문
1662, 캔버스에 유채, 65.1×51.2cm, 마드리드 티센 보르네미사 미술관

는 것인지 모른다.

이어서 볼 작품은 프란스 할스의 〈풍경 속 가족 초상화〉다. 할스는 렘브란트, 베르메르와 더불어 네덜란드 17세기 회화의 대가로 꼽히는 화가다. 그는 특히 인상적인 초상화로 명성을 높였다. 그의 작품은 이 작품처럼 중산층 부르주아뿐 아니라 서민들도 주요 테마 중의 하나였다. 그는 인물들의 자연스럽고 즉흥적인 면이 잘 드러나게 그렸다. 그 결과 화면에는 생생한 활기가 넘친다.

그림을 보면 부부를 중심으로 한 가족이 짙은 숲과 구름이 덮인 푸른 하늘 앞에 포즈를 취하고 있다. 가장 중심이 되는 부분은 손을 맞잡은 부부다. 이들은 의자에 앉아 애정이 가득 담긴 눈길로 서로를 바라본다. 이는 그들이 강한 충절로 맺어져 있음을 보여준다. 또한 충절이 부부 사이에 가장 중요한 덕목이자 영원한 결합을 가능하게 하는 것임을 의미한다. 특히나 오른손을 잡고 있는 것은 둘 사이의 성실과 신뢰를 나타난다. 한편 오른쪽 딸의 발치 아래에는 개를 그렸는데 이 역시 충절을 강조한 것이다.

할스는 당대의 다른 화가들과는 다르게 자유롭고 활기찬 붓질로 인물을 그렸다. 다소 거칠고 느슨하게 보이지만 인물들이 독특한 생생함을 갖도록 한 것이다. 이 작품에서 보는 것처럼 전체적인 형태는 대담하고 느슨하지만 얼굴은 세심하게 그려서 표정이 잘 살아나고 있다.

프란스 할스, 풍경 속 가족 초상화
1648, 캔버스에 유채, 202×285cm, 마드리드 티센 보르네미사 미술관

앙투안 와토, 행복한 피에로
1712, 캔버스에 유채, 35×31cm, 마드리드 티센 보르네미사 미술관

다음은 18~19세기 회화 전시실. 로코코에서 낭만주의까지의 작품들이 있는 곳이다. 먼저 보는 것은 앙투안 와토의 〈행복한 피에로〉. 이 작품은 와토가 즐겨 그린 페트 갈랑트fete galante 장면들 중 하나로 그의 초기작에 속한다. 불어로 '즐거운 연회'란 뜻을 가진 페트 갈랑트는 전원 풍경 속에서 우아하게 차려 입은 인물들이 이성에게 가벼운 추파를 던지거나 희롱하면서 노닥거리는 장면을 그린 장르를 말한다. 사랑과 유혹 심리를 포착하기 위해 그렸던 것으로 18세기 프랑스에서 크게 유행했다.

그림 속에는 어두운 숲을 배경으로 다섯 명의 인물이 모여 있다. 이들은 이탈리아 전통 희극인 코메디아 델아르테에서 영감을 받은 모델들이다. 좌측에 넋이 빠진 표정으로 기타를 치는 여자를 바라보는 인물이 메제티노, 중앙에 미색 옷을 입고 경직된 포즈로 앉아서 바보 같은 표정을 짓고 있는 인물은 피에로다.

피에로 오른쪽 여성은 못마땅한 표정으로 그를 바라보고 있다. 피에로에게서 멀어지며 접힌 부채를 입술에 대고 있는 것으로 보아 뭔가 불만이 가득한 표정이다. 그녀 옆으로는 와토가 즐겨 그리는 연극의 다른 두 인물, 스카라무슈와 할리퀸이 등장해서 이 장면을 시기와 놀라운 시선으로 바라본다. 그러나 지금은 형체가 뭉개져서 거의 보이지 않을 정도다. 이들의 뒤에는 숲의 신 판이 나와서 이 장면을 완성한다.

와토는 연극에서 영감을 받아 이 작품을 제작했는데 배경을 무대 배경처럼 그리기보다는 실제와 같은 느낌을 주도록 자연적인 공간을 만들어 낸 것으로 보인다.

　다음에 보는 것은 독일 낭만주의 회화다. 〈부활절 아침〉은 19세기 독일 낭만주의 회화의 대표적인 인물인 카스파 다비드 프리드리히의 작품이다. 그의 기량이 성숙기에 접어든 시기의 그림으로 그는 얼마 후 병 때문에 유화를 포기하고 수채화와 잉크 드로잉만 그리게 된다.

　이 그림에서 프리드리히는 자신이 자주 사용하는, 높은 곳에서 내려다보는 시점으로 아침 풍경을 그리고 있다. 길과 양 옆의 나무가 관객의 시선을 화면 속으로 인도한다. 한 무리의 여자들이 걸어가고, 멀리 앞쪽에 희미하게 또 다른 두 무리의 사람들이 나타난다. 그들 위로 얕은 능선이 보이고 공동묘지가 어렴풋이 등장한다.

　프리드리히는 고요하고 고독한 풍경을 통해 완전히 독창적인 방식으로 종교적인 의미까지 만들어낸다. 풍경과의 교감은 그의 작품에서 항상 등장하는 테마이고 자연을 묘사함으로써 자신의 생각과 감정을 표현한다. 이 그림의 주인공은 어찌 보면 사람이 아니라 달이다. 그만큼 전체 분위기를 지배한다. 달은 차가운 새벽 공기와 대조되며 하늘 높이 떠 있다. 그림 속 여자들은 무덤에 묻힌 사랑하는 사람들을 방문하려고 한다. 마치 부활절 아침 예수의 무덤을 찾아가는 세 명의 마리아 같다. 따라서 달과 아침, 그리고 부활절이라는 날짜 등은 부활과 무덤 위의 존재에 대한 믿음을 암시하고 있다.

카스파 다비드 프리드리히, 부활절 아침
1835, 캔버스에 유채, 43.7×34.4cm,
마드리드 티센 보르네미사 미술관

마틴 존스 히드, 폭포 근처의 난초와 벌새
1902, 캔버스에 유채, 38.2×51.5cm,
마드리드 티센 보르네미사 미술관

티센 미술관에는 다른 곳에서는 쉽게 찾아보기 힘든 섹션도 있다. 바로 19세기 미국 회화. 여기에서는 주로 인상주의 풍경화가 전시돼 있다. 그중에서 가장 눈에 뜨이는 것이 마틴 존슨 히드의 〈폭포 근처의 난초와 벌새〉로 매혹적인 열대의 동식물을 그리고 있다.

히드는 남아메리카를 여행하면서 열대의 생물들이 보여주는 매력에 푹 빠졌다. 이미 그 전에도 책을 통해 열대 생물에 대한 관심이 컸던 그는 언젠가 남아메리카를 여행하리라는 꿈을 가졌다. 그는 1863년 첫 브라질 여행 후 여러 차례에 걸쳐 남미를 방문했다. 초기에는 벌새에 특히 매료되어 많은 작품을 남겼다. 그러다가 차츰 난초로 시선이 옮겨졌고 나중에는 벌새와 난초를 같이 그리게 됐다. 이 조합으로 그는 약 50여 점의 작품을 그렸는데 〈폭포 근처의 난초와 벌새〉는 그 중 초기작에 속한다.

히드는 다른 풍경화가들과 달리 정물을 극적인 풍경과 조합하는 데 솜씨가 탁월했다. 그는 자칫 조류연감에서 볼 만한 그림을 극적인 효과를 통해 작품으로 만들어낸다. 난초를 매우 가까운 곳에서 바라봄으로써 과장할 뿐 아니라 벌새를 난초 바로 옆에 배치함으로써 마치 둘이 대화를 나누는 듯 묘사한다.

난초의 핑크색 꽃잎과 벌새의 분홍 목 역시 둘 사이에 생기는 교감을 표현한다. 마지막으로 이것들을 둘러싼 습기 가득한 밀림과 먼 산은 이 장면에 감각적이고 관능적이기까지 한 분위기를 만들어 냄으로써 관객은 어느 새 꿈속 같은 밀림의 한복판에 떨어진 느낌을 받게 된다.

이제 19세기 유럽 회화, 인상주의와 후기 인상주의 전시실로 간다. 먼저 보는 것은 영국 출신의 인상파 화가 알프레드 시슬레의 〈마를리 부두의 홍수〉다. 시슬레의 대표적인 연작 중 하나로 센 강 주변 마를리 부두에 홍수가 난 풍경을 그린 것이다. 그는 이 주제로 총 7점의 작품을 남겼다.

그림을 보면 강이 범람해서 도로가 잠긴 상황이다. 그런데 그보다 훨씬 큰 부분을 차지하는 것은 뭉게구름이 낀 하늘이다. 시슬레는 구름이 주는 효과를 중요하게 여겼다. 그는 신고전주의 풍경화가들처럼 하늘부터 먼저 그렸고, 그림에 깊이감을 강조하기 위해 그림 속 여러 평면들을 조정했다.

그의 작업은 다른 인상파 화가들의 작업방식과도 구별되었다. 동료들처럼 그림의 전경을 시점으로 잡아서 차츰 원경으로 멀어지는 것이 아닌, 반대로 원경의 수평선에서 시작해서 전경으로 나오는 방식을 택했다. 그 결과 이 작품에서처럼 다른 화가들과 확연히 구별되는 깊은 공간을 창조해낸다.

시슬레가 포흐 마를리의 홍수를 그릴 때 모네도 곁에서 같은 풍경을 그렸다. 그러나 둘의 결과물은 많이 달랐다. 자연 풍경을 좋아하는 모네는 물에 잠긴 나무를 그린 반면, 시슬레는 물에 잠긴 도시화된 마을 풍경을 그렸다. 모네가 변해가는 자연현상의 순간을 포착한 것과 달리 그의 그림은 보다 정적이고 안정된 느낌을 준다.

그림을 보면 왼쪽 아래 말이 끄는 마차가 있고 시선은 곧 뒤쪽의 거리와 건물을 따라 급하게 물러난다. 하늘의 구름도 마찬가지다. 그림 꼭대기 구름에서 머물렀던 시선은 곧 뒤쪽 먼 곳으로 후퇴한다. 이 구름은 시슬레가 1857년에서 1860년에 걸쳐 런던에 머물면서 영국 풍경화가 존 컨스터블을 공부할 때의 구름을 떠올리게 하지만 그보다는 동시대 낭만주의 화가들의 풍경화 속 구름에 더 영향을 받은 것으로 보인다. 그러나 컨스터블과 마찬가지로 시슬레 역시 이 작품에서 하늘을 단지 그림 배경으로만 그리지 않는다. 그는 풍경화에 빛과 색채, 운동감을 주는 중요한 요소로 하늘을 그리고 있다.

하늘을 중요하게 그린 다른 화가로는 외젠 부댕이 있다. 모네에게 큰 영향을 주기도 한 외젠 부댕은 하늘의 제왕이라 불릴 정도로 빼어난 하늘 풍경이 들어가는 풍경화를 많이 그렸다. 〈트루빌 바닷가의 사람들〉은 그가 특히 좋아한 프랑스 노르망디 지방의 트루빌 바닷가를 그린 작품이다.

부댕은 여기서 광대하게 펼쳐진 하늘과 바다를, 전경의 산책하는 사람들과 점점 작아져가는 어부들과 대조시킨다. 이전의 다른 화가들도 비슷한 풍경을 그렸지만 부댕의 작품은 인물들에게 특별한 의미를 부여하지 않는다는 데 차이가 있다. 그림 아랫부분의 큰 비중을 차지하는 휴양객들은 단지 여름휴가를 즐기고 있을 뿐이다. 이는 인상파들이 현대의 생활상을 다소 가벼운 시각으로 묘사하고 있는 것과도 일치한다. 이런 점에서 본다면 부댕 역시 인상파 풍경

시슬레, 포흐 마를리의 홍수
1876, 캔버스에 유채, 50×61.7cm,
마드리드 티센 보르네미사 미술관

외젠 부댕, 트루빌 바닷가의 사람들
1869, 캔버스에 유채, 29×47cm,
마드리드 티센 보르네미사 미술관

화가라고도 할 수 있다.

하지만 이 작품에서는 부댕의 비판적인 시선도 보인다. 그림 오른쪽 아랫부분에는 세 명의 어부가 말의 도움을 받아 배를 끌고 오는 모습이다. 그 앞에 있는 잘 차려입고 휴가를 즐기는 사람들과 대조를 이룬다. 부댕은 이 작품과 비슷한 테마의 그림을 숱하게 그렸다. 그는 이 휴양객들에 대해 '부유한 기생충'이라며 부정적으로 보기도 한 것이다.

부댕은 초기 풍경화에서 전경에는 트루빌의 호텔 같은 큰 건물의 일부를 그리고 그 뒤의 바닷가 풍경을 그리는 것을 즐겼다. 그러나 나중에는 상당히 단순한 구성을 보이는데 하늘과 바다, 모래밭의 엄격한 수평 구도로만 화면을 구성하는 것이다. 전경의 인물들은 관객의 시선을 뒤로 유도하고, 얼굴이 드러나지 않은 이들에게서는 어떤 함축적인 의미도 발견하기 힘들다. 그리고 그들 위로 보이는 황금색과 푸른색, 갈색의 황홀한 색채의 하늘. 이것이 이 작품의 진정한 주제다.

자연 풍경 외에 인상파의 다른 주요 테마는 도시다. 그들은 주로 파리의 현대적인 도시 풍경과 파리 사람들의 모습을 일상을 화폭에 옮겼다. 이 그룹의 선구자이자 대표적인 인물은 마네다. 그는 쿠르베가 그렸던 것처럼 철저하게 사실을 추구했고 현대의 삶의 모습에 집중했다. 그러나 이런 혁신적인 자세는 대중과 평단으로부터 이해를 받지 못하고 비난의 대상이 되기도 했다.

한편 마네는 이런 도발적인 주제를 전통적인 기법으로 그리기를 좋아했다. 특히 그가 따랐던 화가들은 벨라스케스, 고야, 엘 그레코 등의 스페인 화파다. 그는 루브르 미술관 스페인 화파 전시실에서 대가들의 작품을 보고 큰 감명을 받았고, 이후 스페인을 여행하며 이런 경향은 더욱 확실해졌다.

그리고 초기의 격렬한 비난에서 벗어난 1880년대에 접어들면 마네는 정부로부터 공식적인 인정도 받는다. 그는 오래전 그를 푸대접했던 살롱 전에 초대되고 레지옹 도뇌르 훈장까지 받게 된다. 그럼에도 불구하고 그는 인상파와의 관계를 계속 유지했다. 그는 오랫동안 그들과 친하게 지내며 정신적인 대부로까지 대접받았지만 막상 총 8회에 걸쳐 열린 인상파 전시에는 한 번도 참석하지 않았다. 그가 동료, 후배 인상파 들에게서 받아들인 것은 자유로운 붓질이었다.

〈여성 승마인, 정면(아마존)〉은 마네가 죽기 몇 해 전에 그린 사계절 시리즈 중 하나다. 그는 친구이자 예술부 장관이었던 앙토냉 프루스트의 주문으로 이 연작을 그렸지만 미완성으로 남았다. 이 작품은 그중에서도 여름에 속하는 것으로 보인다. 마네는 전통적인 계절의 알레고리 대신에 현대적인 의상을 입은 여성들로 계절을 표현했다.

작품의 모델은 앙리에트 샤보라는 여성으로 서점 주인의 딸이었다. 그녀가 입은 검은 의상과 높은 모자, 가슴의 하얀 포켓치프는 엄격한 남성적인 분위기를 만들어낸다. 마네는 당대의 유행하는 의

여성 승마인, 정면(아마존)
1882, 캔버스에 유채, 73×52cm, 마드리드 티센 보르네미사 미술관

상에 관심이 많아서 유명 디자이너에게 직접 의상을 주문하거나 작품 이름에 이를 언급하기도 했다.

다음은 파리 거리 풍경을 그린 피사로의 〈오후의 생토노레 거리:비의 효과〉다. 비 오는 날 파리 거리를 그린 이 작품은 최후까지 인상파로 남기를 고집한 노화가의 의지가 잘 드러나 있다. 비록 원래 화풍에 신인상파의 점묘파 기법도 사용했지만 말이다.

이 그림을 그리던 해에 피사로는 자신이 살던 시골 마을 에라니와 파리를 오가며 생활했다. 화상 뒤랑 뤼엘로부터 도시 풍경을 그려 보라는 제안을 받았다. 그동안 거의 시골 마을 풍경을 그린 피사로에게는 도전이 될 수 있는 일이었다. 뒤랑 뤼엘은 모네가 하듯 연작 작업도 해보라고 제안했다. 처음에는 도시 풍경을 연작으로 그려내는 일이 상업적이라는 생각이 들어 썩 내키지 않았지만 결국 같은 테마 시리즈 작업을 시작하게 된다.

〈오후의 생토노레 거리:비의 효과〉는 그가 파리 호텔에 머물면서 창밖으로 보이는 풍경을 그린 작품들 중 하나다. 모네가 루앙 호텔에 머물면서 루앙 대성당 연작을 완성한 것과 같은 방식이다. 바로 앞에 보이는 것이 프랑스 극장 광장이고 멀리 뻗어 나가는 것이 생토노레 거리다. 구름이 잔뜩 낀 하늘 아래 비에 젖은 도로와 건물이 보인다. 도로는 반사된 빛으로 반짝인다. 그 위로 마차가 지나가고 사람들이 다닌다. 파리의 평범한 일상이 펼쳐지는 것이다.

사회 현상에 관심이 많았던 그는 시민과 노동자, 교통수단 들

피사로, 오후의 생토노레 거리 : 비의 효과
1897, 캔버스에 유채, 81×65cm,
마드리드 티센 보르네미사 미술관

의 움직임에 주의를 기울였다. 그는 후에 말하기를 "이 작품이 그리 미적으로 보이지는 않을 것이다. 그러나 나는 사람들이 보통 추하다고 부르지만 은빛으로 빛나며 활기찬 파리 거리를 그린 것이 기쁘다. 이것은 휘황찬란한 대로의 풍경과 완전히 다르며 진정한 현대성을 보여준다."라고 했다.

　　인상파는 자연 풍경에만 눈길을 돌린 것은 아니다. 드가의 〈춤추는 댄서(녹색 옷의 댄서)〉는 실내 조명 아래에서 드가가 즐겨 그린 발레 댄서들이 등장한다. 드가는 자신이 속한 계층이기도 한 파리의 부르주아들이 즐겨 방문하는 장소의 실내를 주로 그렸다. 그는 이 작품같이 발레 극장이나 미술관, 최신 유행하는 상점 같은 장소를 자주 방문했다. 압도적으로 많이 간 곳이 이 작품의 배경이기도 한 파리 오페라 극장. 그는 단지 무대 위 뿐만 아니라 리허설이 벌어지는 곳이나 대기 장소 등에서 친숙하게 느껴지는 순간들을 포착해냈다.

　　전통적인 아카데미의 회화와는 달리 그는 댄서들에게 가까이 다가가고 파격적인 시각으로 접근했다. 당시 최신 기술이었던 사진에 영감을 받은 그는 자신이 직접 사진을 찍고 이걸 다시 그림으로 옮기고는 했다. 한편으로는 장식적이면서도 실험적인 시각의 구도를 구사한 것이다. 그리고 이 작품들이 인기를 끌면서 드가에게는 수많은 댄서 그림 주문이 들어와 그는 댄서 화가로 불리기까지 했다.

그림 속 중앙의 댄서는 지금 한쪽 다리로 서서 빠르게 도는 발레의 피루엣 동작을 하고 있다. 화가의 시점은 아마 극장 실내의 측면 박스석일 것이다. 길게 뻗은 그녀의 양팔이 화면에 대각선을 만든다. 그녀의 손은 다른 댄서의 얼굴을 가리기까지 한다. 옆쪽 댄서의 다리가 이 선과 이어진다. 그 아래쪽의 댄서는 단지 발레 치마의 일부만 보일 뿐이다. 눈앞에서 순식간에 사라질 순간을 묘사하고 있는 것이다.

전면의 댄서들 뒤로는 오렌지색 발레복을 입은 다른 댄서들이 차례를 기다리며 서 있다. 그들 주변의 무대 배경은 뭉개지게 그려져 식물의 모티프만 희미하게 보일 뿐이다. 그 결과 댄서들의 몸과 발레복은 흐릿한 배경에서 두드러지고 인공적인 조명이 그들을 더욱 눈에 띄게 만든다.

드가는 모델을 대할 때도 편견을 갖지 않았다. 그들의 출신 계급이 어디인지 개의치 않은 것이다. 그래서 그의 작품에는 상류층 여자에서부터 댄서, 가수, 가게 점원, 세탁부 심지어 매춘부까지 다양한 계층의 여자들이 등장한다. 또한 이 작품에서 보듯 파스텔과 과슈를 같이 사용하는 것처럼 다양한 기법을 사용하며 조합하고 때로는 새로운 기법을 만들어 내기도 했다.

다음은 후기 인상파에 속하는 세잔의 작품. 세잔의 〈농부의 초상〉은 우리에게 잘 알려진 그의 풍경화나 정물화와 달리 상대적으로 덜 알려진 초상화. 그가 파리 생활을 마치고 고향인 엑상 프로방스에 돌아와 그린 것이다.

세잔은 남불 엑상 프로방스에서 평생을 바칠 과업에 매달리기 시작했는데 이는 다른 인상파 화가들과는 사뭇 다른 방식이었다. 그는 한정된 색채를 가지고 그림에 견고함과 조화를 만들어 내고자 했다. 대중의 무관심과 비평가들의 오해에도 불구하고 실험을 계속해 나갔다. 나중에 피카소를 비롯한 입체파 화가들이 현대 회화의 아버지라 부르게 될 위대한 도전이었다.

〈농부의 초상〉을 보면 모델이 누구인지는 정확히 알려지지 않았지만 옷차림만으로도 프로방스의 농부임이 확실하다. 세잔은 인물보다 구성에 훨씬 많은 관심을 쏟았던 터라 모델은 사실 그리 중요하지 않다. 이 작품은 세잔 말년의 그림 스타일을 잘 보여준다. 그림 표면은 이전보다 더 떨리고 색채는 더 빛을 낸다. 사물의 구조를 재현하려고 했던 그는 형태에 소홀하고 색채에 치중한 인상파와는 달리 형태와 색채를 결합시키고자 했다. 그 결과 그림은 더욱 건축적인 단단한 구조를 갖게 되었다.

세잔은 매우 묽은 물감으로 기하학적이고 투명한 붓질을 하면서 캔버스를 가시적인 장으로 만든다. 그림 속 농부는 분해되어 배경과 하나가 된다. 그는 단지 세잔이 캔버스에 쌓아 올린 색채의 여러 층 중의 하나가 될 뿐이다. 농부는 그의 환경과 완벽한 조화의 상징인 식물이 가득한 배경 속으로 녹아 들어간다. 세잔은 여기에 감각의 혼란을 이용해 사물의 새로운 질서를 만들어내고 있는 것이다.

다음은 반 고흐의 작품. 반 고흐의 〈오베르의 레 베스노〉는 고

흐가 마지막 두 달을 보낸 곳의 풍경을 그린 것이다. 그림 속 오베르는 파리 북쪽의 작은 마을 오베르 쉬르 우아즈로 그가 남쪽의 생 레미 요양원에서 나와 지냈던 곳이다.

오베르는 이미 세잔이나 도비니 같은 여러 화가들이 머물면서 그림을 그린 곳이다. 고흐도 여기에 머무는 동안 거의 하루에 한 점을 그리는 맹렬한 나날을 보냈다. 그림의 무대가 되는 레 베스노는 오베르에서도 약간 떨어진 교외의 한적한 장소로 집들이 점점이 흩어져 있는 곳이었다.

그림 속 전경에는 넓은 밀밭과 꽃들이 보인다. 그 뒤로 몇 채의 집과 나무들이 나타나고 위로는 언덕과 하늘이 좁은 띠처럼 그려졌다. 고흐는 이 요소들을 주의 깊게 배치하고는 물감을 두껍게 칠하는 임파스토 기법을 사용했다. 그리고 짧거나 혹은 긴 붓질을 하고, 점을 찍거나 파도 모양의 기복을 만드는 등 다양한 테크닉을 구사했다.

고흐는 다른 작품들에서처럼 여기에서도 한정된 색채만 사용했다. 밝은 노랑, 녹색, 파랑 등을 쓴 것이다. 그의 색채 사용은 이전 아를에서 그렸던 것과 달랐다. 특히 이 작품에서는 전경 오른쪽 나무 그림자를 간략한 푸른 색띠로 처리하고 있다. 그는 눈에 보이는 색채 그대로 그린 것이 아니라 자신의 눈으로 해석해서 채색한 것이다.

아를에서는 자연의 모든 요소를 아우르는 구성을 취했다면 오베르에서는 여러 가지 느낌들을 혼합해 그렸다. 그래서 자유와 고독,

반 고흐, 오베르의 레 베스노
1890, 캔버스에 유채, 55×65cm,
스페인 마드리드 티센 보르네미사 미술관

우수, 평화, 기쁨 등이 섞여 나타난다.

다음 작품은 고갱의 〈마타 무아(옛날에)〉. 이 작품은 고흐의 동료이기도 했던 고갱의 남태평양 시대 작품 중 하나다. 고귀한 야만인으로 불리었던 그는 문명세계인 프랑스에서의 삶을 뒤로 하고 머나먼 섬 타히티로 떠난다. 문명의 때가 묻지 않은 야만의 삶을 만나기 위해서였다.

그러나 프랑스 식민지였던 타히티는 예상과는 달리 이미 유럽 영향을 받아 원시 사회가 아닌 문명 사회로 변질이 되어 있었다. 고갱은 겉으로 드러난 타히티의 유럽화된 모습이 아니라, 설화를 비롯해 폴리네시안 문화의 원형으로 파고 들어갔다. 아내인 타히티 원주민 출신 테하마라가 들려주는 이야기에서도 영감을 받게 된다. 그러다 결국 번잡한 수도 파페에페를 떠나 아직 원시적인 분위기가 남아 있는 외딴 섬 피나아비아에 칩거한다.

고갱이 찾아 헤맸던 오래 전 타히티의 모습이 잘 드러난 것이 바로 이 작품이다. 그림을 보면 한 여자가 피리를 불고 있고 다른 여자는 그 소리를 듣고 있는 풍경이다. 이들 뒤에 보이는 인물들과 풍경은 마치 피리 연주가 만들어낸 상상이나 환기처럼 보인다.

화면 중앙 큰 나무를 경계로 뒤쪽에는 커다란 조각상과 춤을 추는 세 여인이 등장한다. 푸른색과 보라색의 거대 석상은 달의 여신 히나이고, 여자들은 지금 여신을 찬미하는 중이다. 그런데 고갱의 다른 그림에도 종종 나오는 여신 히나의 모습은 실재의 모습이

고갱, 마타무아
1892, 캔버스에 유채, 91×69cm, 마드리드 티센 보르네미사 미술관

아니라 그가 상상한 것이다. 결국 고갱은 여기서 인상주의가 아니라 상징주의의 수법으로 잃어버린 황금시대를 재현하고 있는 것이다.

이 작품의 신비함은 무엇보다 장식적인 색채의 영향이 크다. 고갱은 물론 여기에서 피리 소리나 난초 향도 환기시키고 있다. 그럼에도 불구하고 이 작품에서는 색채가 가장 중요하다. 고갱은 색채를 전통적인 묘사의 기능에서 벗어나 상상의 낙원에서 펼쳐지는 조화를 만들어 내는 데 이용하고 있다. 공간감이 드러나지 않는 밝은 공간에 높은 채도의 색과 굵은 테두리 선을 사용함으로써 마치 호화로운 태피스트리를 보는 듯한 효과를 만들어 낸 것이다.

이제 플랑드르 회화의 방으로 간다. 〈가면 극장〉은 벨기에 화가 제임스 앙소르의 작품이다. 앙소르는 작품에 가면을 많이 그려 넣는 화가로 유명한데 이 그림에서는 가면을 쓴 인물들이 무대 위 뿐만 아니라 무대 아래에도 등장한다.

앙소르가 이렇게 가면을 즐겨 그린 것에는 어린 시절 환경이 큰 역할을 했다. 자신의 집에서 기념품 상점을 하다 보니 그의 주위에는 항상 기이한 물건들이 가득했다. 온갖 인형, 박제 동물, 조개, 로사리오 그리고 무엇보다 고향인 오스텐데의 카니발에서 사용하는 의상과 가면이 어린 앙소르의 호기심을 한껏 자극했다. 그중에서도 가면은 그의 작품에서 주인공 격으로 등장한다. 가면은 군중속에서의 고독이나 앙소르가 평생 겪었던 오해와 소외를 나타내는 것으로 쓰였다.

제임스 앙소르, 가면 극장
1908, 캔버스에 유채, 72×86cm, 마드리드 티센 보르네미사 미술관

앙소르는 고야와 오노레 도미에 작품에 나타난 세상에 대한 기괴하고 신랄한 시선을 이어 받았다. 또 장 앙투안 와토의 연극무대 그림도 좋아해서 그림 속 장면을 연극 무대처럼 꾸미기도 했다. 이 작품에서는 가면을 쓴 배우들로 가득한 무대를 보여준다. 중앙의 인물은 16세기에서 18세기에 걸쳐 이탈리아에서 유행했던 희극 코메디아 델라르테의 피에로를 연상케 한다.

그 아래 양 옆으로는 깃털 달린 모자와 부채를 든 관객들이 카니발의 등장인물 같은 사람들과 같이 나타난다. 이들은 무대와 객석의 경계가 어디인지 흐릿하게 만든다. 앙소르는 이들이 있는 공간을 마치 연극무대의 앞부분처럼 보이도록 교묘하게 그리고 있으며, 한편으로는 그림의 공간을 관객 쪽으로 더욱 확장시키고 있다. 그럼으로써 연극 무대와 현실의 공간이 같이 섞이는 것이다.

다음은 독일 작가들의 전시실. 여기서 먼저 보는 것은 표현주의 화가 에른스트 키르히너의 작품이다. 〈붉은 산책자가 있는 거리〉는 발작적인 색채와 원시적인 형태로 대도시의 풍경을 날카롭게 풍자하고 있다.

키르히너는 독일 표현주의에 속하는 다리파의 중심인물이다. 다리파의 주요 멤버들은 원래 드레스덴에 살았으나 이후 베를린으로 이주, 대도시의 활발한 에너지에서 새로운 영감을 얻은 작품을 만들어냈다. 특히 키르히너는 이전의 화풍에서 벗어나 대도시 거리 풍경을 많이 그렸다. 그는 매일 노트를 들고 거리를 다니면서 베를

키르히너, 붉은 산책자가 있는 거리
1925, 캔버스에 유채, 125×90.5cm,
마드리드 티센 보르네미사 미술관

린의 거리를 스케치했다.

키르히너는 이미 다리파로 활동하던 드레스덴에서도 거리 풍경을 그렸지만 그의 진정한 거리 풍경화는 베를린에서 탄생한다. 그의 작품 속 거리는 비인간화되고 소외된 공간이다. 이 그림 속 붉은 옷을 입은 여자는 요란스러운 옷차림에서 알 수 있듯 거리에서 몸을 파는 여자다. 그녀는 대중들에게 둘러싸여 있지만 지독한 고독을 겪는 인간성의 상징이다.

여자는 키르히너의 다른 거리 풍경화에서도 화면 전체를 지배하는 중요한 요소다. 그녀는 도시의 삶과 모순을 표현하는 은유로 나타난다. 이 주인공은 곧 닥쳐올 세계대전을 감지하는 사회의 어둡고 퇴폐적인 면을 드러낸다. 길게 늘어진 여자의 에로틱한 형체가 만드는 긴장감이 이 그림의 가장 중요한 부분이고 관객을 혼란에 빠지게 한다.

키르히너는 대도시의 리듬을 강조하는 것에 사로잡히게 되고 이는 그 후 자신의 스타일이 되었다. 그의 붓질은 점차 불안해지고 색채는 더욱 강렬하게 변했다. 전쟁을 앞둔 독일 사회의 혼란스러운 분위기가 자연스럽게 그의 작품 속으로 들어온 것이다.

다른 독일화가의 작품으로는 프란츠 마르크의 〈꿈〉을 본다. 프란츠 마르크는 바실리 칸딘스키와 더불어 다른 독일 표현주의 화파인 청기사파의 창립 멤버였다. 다소 특이하고 생소한 이름의 청기사파는 예술이 가진 영적인 면을 새롭게 하려는 화가들의 모임이었다.

청기사파는 전시와 책자로 자신들의 예술적인 아이디어를 종합해서 내놓았고 이는 그 후 20세기 예술의 발전에 근본적인 영향을 미치는 지침의 하나가 되었다. 프란츠 마르크의 이 작품 역시 청기사파의 예술이론을 반영한 것으로 이후 20세기 예술에 큰 변화를 가져오게 된다.

　　프란츠 마르크는 동료인 칸딘스키의 추상적인 표현과는 달리 처음에는 실제 세계의 형상에서 벗어나지 않았다. 그러나 곧 자연의 정확한 재현이라는 구속에서 벗어나기 시작했으니 이 작품 〈꿈〉에서 그는 역동적인 힘이 넘치는 양식적인 선들로 형태를 그려 나갔다.

　　그는 사회의 엄격한 규범을 거부하고 인간성에 의문을 품었다. 왜냐하면 그가 대도시 뮌헨을 떠나 알프스 산간지방에 정착하고 주로 동물들을 그렸기 때문이다. 원래 그의 작품에서는 동물이 자주 등장했지만 이후에는 가장 중요한 부분이 되었다. 그는 '예술의 동물화'를 주장하며 동물의 시각에서 바라보는 세상이라는 관점으로 세상을 해석했다. 이를 통해 새로운 형태의 영성에 이르려고 했다.

　　〈꿈〉에서는 인간이 다시 등장했다. 신비한 풍경이 둘러싼 가운데 그려진 인간과 동물은 자연과 인간의 조화를 추구하는 화가의 열망이 드러난 것이다. 마치 낙원의 풍경처럼 평화로운 모습이다. 중앙에 앉은 여자는 잠을 자고 있는 듯하고 어둠을 배경으로 그려진 동물들은 그녀의 꿈에 등장하는 동물들로 보인다.

이 작품의 상징적인 면은 색채의 사용으로 완성된다. 마르크는 푸른색을 남성성과 정신으로, 이와 반대되는 노란색은 여성성과 관능으로 연결시켰다. 한편 그림 왼쪽 지붕과 여자가 깔고 앉은 담요의 빨간 색은 이 둘을 중화시키고 화면에 균형을 잡아주는 것으로 사용했다.

다음은 20세기 전반 회화 섹션. 〈카드 게임〉은 파리 출신의 화가 발튀스1908~2001의 작품이다. 예술적이고 지적인 가정 분위기에서 독학으로 미술을 배운 발튀스는 스스로를 가장 전통적인 의미에서 회화의 '장인'으로 여겼다. 그는 20세기 초 유럽 미술계를 강타한 아방 가르드 운동을 미심쩍게 여겼고, 전통 회화의 부활을 지지했다.

이 작품에서 발튀스는 초기 이탈리아 르네상스 시대의 대가 피에로 델라 프란체스카의 영향을 보여준다. 단단한 형태와 날카로운 윤곽선, 빛바랜 색채와 차가운 조명은 15세기 옛 거장의 작품에서 본 것을 그대로 재현하고 있는 것이다.

작품은 카드 게임을 하는 소녀와 소년 사이의 긴장감을 잘 보여준다. 소년은 지금 등 뒤로 카드 한 장을 숨기고 속임수를 쓰고 있다. 이런 식의 트릭은 17세기 바로크 화가인 조르주 드 라 투르의 작품에서 자주 보는 것이다.

발튀스는 이 테마로 작품을 여럿 제작했다. 카드게임을 하는 사람들 사이에 숨겨진 '통제된 적대감'에 흥미를 가진 것이다. 그림 속 소년은 잔뜩 긴장한 포즈와 시선으로 소녀가 내려놓는 카드를 주시한다. 그와 대조적으로 소녀의 표정은 득의만만하다. 마치 소년의 속임수 정도는 이미 알고 있고 승리는 자신의 것이라는 듯한 미소다.

이탈리아 화가 중에 현대 화가의 작품으로는 조르지오 모란디의 〈정물〉이 눈에 뜨인다. 정갈하고 담백한 정물화로 유명한 모란디는 오랫동안 고향인 볼로냐에 칩거하면서 자신만의 독특한 작품 세계를 만들어 나갔다.

그는 무려 40여 년 동안이나 물병, 컵, 접시, 주전자 같은 정물들을 회화적인 오브제로만 그렸다. 그의 작품 속 물건들은 오직 형태 자체에만 관심이 갈 뿐 어떤 일화나 이야기도 환기시키지 않는다. 형태와 재현에 관한 순수함이 돋보이는 작품들은 관객의 마음을 정화시키는 역할을 할 정도다. 모란디는 초기에 세잔과 입체파의 작품들을 공부했는데 그에게 정물은 형태와 추상적인 구성의 요소일 뿐이었다.

이 작품은 2차 세계대전이 끝난 후 시작된 그의 후기시대 작품들 중 하나로 초기작들보다도 더 간결해졌다. 그림 속 물병들은 이미지의 회화적인 공간을 탐구하기 위한 소재로만 쓰일 뿐 아무런 독립적인 의미를 갖고 있지 않다. 이것들은 그림 속에서 작은 그룹을 만드는데 이는 캔버스라는 더 큰 사각형 안에 작은 사각형을 만들 뿐이다. 젖빛 광선이 이들을 감싸고 한데 묶으며 동시에 진동하게 만든다.

자세히 보면 그림에는 정물이 두 줄로 배치되었다. 두 번째 줄의 물건들 역시 앞의 것들과 같은 방식으로 그려졌지만 흐릿하다. 이에 반해 앞의 물건들은 색채와 톤, 명암법에 의해 뒤의 것들보다 더 확실하게 구별할 수 있다. 이렇게 모란디는 색채와 톤의 대조를 이용해 물건들 사이에 공간적인 관계를 만들고 있다. 그 효과는 순수한 회화적인 차원의 공간이다.

현대 미국화가의 작품으로는 에드워드 호퍼의 〈호텔 방〉을 본다. 호퍼는 미국 도시의 일상에 관심을 쏟았던 화가다. 그는 아내와 함께 미국 전역을 여행하며 곳곳의 모습을 그리거나 아내를 모델로 적막한 실내를 그렸다. 한때 프랑스에 살았던 호퍼는 특히 인상파 화가 드가를 좋아했으므로 드가가 그린 파리 일상에서 영향을 받은 것을 알 수 있다. 그리고 한쪽에서 빛이 들어오는 실내 공간에서 인물들이 한 가지 일에 몰두하는 장면을 그린 네덜란드 화가 요하네스 베르메르의 작품도 떠올리게 한다.

그림 속 호텔 방은 왼편의 침대가 명확한 대각선 구도를 만들며 화면에 긴장감을 불러일으킨다. 호퍼는 여러 화가들의 영향을 받았지만 이 작품이 그려지기 10여 년 전부터 자신만의 스타일을 만들어 나갔다. 단순하고 엄격하며 잘 정돈된 공간에서 자신만의 상념에 빠진 인물. 이것이 호퍼의 대표적인 스타일이다.

그림 속 인물은 모자와 드레스, 코트, 구두를 벗어 방 안에 던

호퍼, '방 안의 여자'가 있는 전시실

져 놓고는 침대에 앉았다. 약간 상심한 표정으로 고개를 숙이고 손에 든 종이를 읽고 있는데 아마 기차 시간표인 것 같다. 여자는 여행 중이고 걱정이 있는 듯하다. 그러나 호퍼는 언제나 그랬던 것처럼 여기서도 어떤 상황인지 알려주는 대신 수수께끼로 남겨둘 뿐이다.

다양한 장르와 시대의 작품을 소장한 티센 미술관에는 팝 아트 작가의 작품도 눈길을 끈다. 〈욕조의 여자〉는 호퍼 이후 가장 미국적인 미술 장르라 할 팝 아트의 대표적인 작가 중 한 명인 로이 리히텐슈타인의 작품이다. 얼핏 목욕용품 광고 이미지 같지만, 실은 만화 이미지 위에 인쇄술에 쓰이는 망점 인쇄기술을 이용해 제

현대미술 전시실

작한 것이다.

리히텐슈타인은 마르셀 뒤샹이 산업 사회 물품에 자신의 개념을 넣은 것과는 달리 이를 비틀어서 단지 이미지를 가져와 비틀었을 뿐이다. 그리고 이전 추상표현주의 화가들이 작품의 질감과 붓질을 강조한 것과 다르게 만화 제작에 쓰이는 기계적인 방식을 써서 화가의 제스처를 최대한 없앰으로써 예술과 대중문화의 경계를 허물었다.

그의 작품은 언뜻 만화 이미지를 그대로 크게 확대한 것처럼 보이지만 만화의 대량 인쇄와는 분명히 다르다. 그는 자신이 선택한 만화 이미지를 순전히 수작업으로 그리기 때문이다. 그러나 그럼에도 불구하고 잭슨 폴록이나 마크 로스코 같은 추상표현주의 화가들과 다르게 자신의 붓질이라는 제스처를 전혀 나타내려고 하지 않는다. 결국 산업적인 것도 아니고 추상적인 것도 아닌 독자의 영역이다.

욕실의 여자라는 주제는 서양 예술사뿐 아니라 팝 아트에서도 무수히 다뤄진 테마 중 하나다. 그림 속 여자는 굵은 윤곽선으로 그려지고, 색채는 망점 인쇄에서처럼 파랑 빨강, 하양의 극히 적은 색만 사용했다. 크게 입을 벌린 여자의 미소가 사각형의 딱딱한 타일 배경 앞에서 더욱 환하게 빛을 발한다.

피카소의 <게르니카>가 있다는 이유만으로도 발길을
향하게 하는 레이나 소피아 미술관 Centro de Arte
Reina Sofía은 프라도 미술관에서 걸어갈 수 있을 만큼
가깝다. 미술관 이름은 남성적인 이미지가 강한
스페인과 다소 어울리지 않는데 이는 스페인 왕비의
이름에서 따왔기 때문이다.
외관은 마드리드 대부분 미술관들과 달리 현대적인
분위기가 물씬 풍긴다. 투명한 엘리베이터가 건물
밖으로 돌출되어 더욱 현대적 감각을 자랑한다. 건물 앞
광장에는 조각 작품들이 여유롭게 배치돼 미술관 관람을
더욱 즐겁게 한다.

레이나 소피아 미술관 전경

레이나 소피아 미술관에 갔다면 미술관에 들어가 게르니카 전시실로 바로 가기보다는 정원을 한번 둘러 보는 것이 좋다. 호젓한 정원 곳곳에는 멋진 조각 작품이 놓여 있다. 먼저 정원 중앙 높은 나무들이 주위를 둘러싼 가운데 커다란 작품이 눈에 띈다. 바로 움직이는 조각 작품으로 유명한 알렉산더 칼더의 작품이다.

검은 색 삼각형 철제 받침이 높이 올라가 있고 그 위에 긴 막대가 가로로 얹혀 있다. 시소처럼 생긴 막대에는 각각 노랗고 빨간 쇳조각이 매달려 있다. 쇳조각은 흡사 색종이를 오려 붙인 것 마냥 가벼워 보인다. 정교한 무게 중심의 설계와 공기 역학을 이용한 조각은 약한 바람에도 쉽게 움직인다.

칼더는 움직이는 모빌mobile 작품으로 유명하지만 이와 대조적으로 움직이지 않는 스태빌stabile 작품도 만들었다. 이 작품을 보면 아래쪽은 스태빌 작품으로 움직이지 않지만, 위쪽은 모빌 작품으로 움직이게 되어 있다. 스태빌과 모빌의 두 개념이 합쳐진 것이다.

거대한 조각이 조금씩 방향을 바꾸며 허공에 궤적을 남긴다. 정적이 흐르는 공간에 소리도 없이 몸을 움직이는 조각 작품을 보면 신비함이 몰려온다. 칼더의 모빌 조각을 많이 보았지만 이런 경이로움은 처음이다. 하늘을 나는 새처럼, 공중을 날아가는 화살처럼, 세상을 응시하는 거인의 눈 같은 작품은 황홀하기까지 하다. 조각 아래 벤치에서는 사람들이 책을 읽거나 생각에 잠겨 있다. 그들이 있어 공간이 더욱 시적이고 풍요로워진다.

미술관 정원 칼더의 조각

근처 눈에 띄는 작품들은 호안 미로의 조각들이다. 그중 〈태양의 새〉가 특히 인상적이다. 이 작품을 보면 제목과 달리 새가 아닌 네 발 달린 포유류 동물같다.

얼굴은 코뿔소처럼 뿔이 튀어나오고 머리에도 양쪽으로 뿔이 났다. 두 팔을 위로 힘차게 들어올린 모습은 귀여우면서도 외계생물처럼 특이하다. 이 작품은 미로의 대표 조각 작품 중 하나로 프랑스 남부지방 생 폴 드 방스 매그미술관의 '미로의 정원'에도 있는 작품이다. 그곳 작품에 비해 이곳 레이나 소피아 미술관 정원 작품은 검은색으로 만들어져 더욱 신비한 느낌을 준다.

정원 한구석에는 작은 분수를 가운데 두고 나무로 둘러싸인 공간이 있다. 분수가 조금씩 흘러내리면서 만들어내는 소리가 매력적인 곳이다. 미술관 정원이 때로는 딱딱하고 형식적인 공간이 되거나 거대한 야외 전시장이 되는 데 반해, 레이나 소피아 미술관 정원은 소박하면서도 신비함을 준다. 이 미술관에 간다면 꼭 빼놓지 말고 보아야 할 공간이다.

미술관에는 피카소의 〈게르니카〉 외에도 감상할 만한 작품들이 꽤 있다. 주로 스페인 작가들의 작품들로 피카소를 비롯한 살바도르 달리, 호안 미로 등이 대표적이다. 현대작가들의 작품도 눈에 뜨이고 대지미술 작품이나 설치 작품 컬렉션도 인상적이다. 거기에 레이나 소피아 미술관은 스페인의 다른 미술관들과 달리 사진 컬렉션도 훌륭하다. 앙드레 케르테츠, 브랏사이, 유진 스미스 등 유명 사

호안 미로, 태양의 새
마드리드 레이나 소피아 미술관

피카소, 양을 든 남자
1943, 석고, 209×78×75cm, 마드리드 레이나 소피아 미술관

진가들의 작품들도 한곳에서 볼 수 있다.

피카소의 〈양을 든 남자〉는 다른 미술관에서도 볼 수 있는 시리즈로 〈게르니카〉처럼 2차 세계대전 때 나치의 파리 점령 기간에 만든 것이다.

피카소가 양을 든 남자라는 테마를 택한 것은 초기 기독교의 전통적인 도상인 선한 목자를 전통적인 기법으로 제작해보려 했기 때문이다. 그는 이 작품을 나치에 대한 저항의 의미로 만들었다. 이 작품을 제작하기 바로 전 해인 1942년에 파리 오랑주리 미술관에서는 히틀러가 총애하는 조각가 아르노 브레커의 전시가 열렸었다. 피카소는 이에 대한 자신의 응답으로 이 조각을 만든 것이다.

투박하지만 존엄을 잃지 않은 사람이 양을 든 모습은 나치 치하 파리 상황을 반영하며 자유와 평화의 알레고리적인 표현이다. 이 작품을 만들기 위해 피카소는 약 1년 동안 50여 장의 드로잉을 그렸는데 친구인 사진가 브랏사이에 의하면, 작품 제작은 단 하루 만에 이루어졌다. 다만 다리와 발 부분이 조금 미흡해 보이는 것은 처음 작품 골격을 만들 때 계산을 잘못하는 바람에 곧 무너져 버릴 것 같아 급히 응급조치를 한 후 석고를 부었기 때문이라고 한다.

스페인은 20세기에 군부 쿠데타, 내전, 군사정권의 장기독재, 민주화 등의 아픈 과정을 겪었다. 어쩌면 우리와도 비슷한 고통의 역사가 있어 이 나라가 더 친근하게 느껴지는지 모르겠다. 그 아픈 역사를 스페인 예술가들도 작품으로 고발하고 저항했다.

피카소의 유명한 대작 〈게르니카〉는 스페인 내전 당시 스페인 북쪽 바스크 지방의 한 작은 마을 게르니카에서 벌어진 양민 학살을 그린 작품이다. 스페인 제 2공화국 정부에 쿠데타를 일으킨 파시스트 프랑코 장군을 지원하기 위하여 히틀러의 콘도르 비행대가 마을을 폭격함으로써 당시 마을 인구의 3분의 1에 달하는 1천600여 명이 사망하고 800여 명이 부상을 당했다. 이 사건은 스페인 역사에서 희대의 민간인 학살사건이다.

전쟁 참상을 고발하는 작품들은 피카소 이전의 스페인 화가들, 특히 고야가 많이 다루었다. 앞서 프라도 미술관에서 본 〈5월 3일 Tres de Mayo〉이 그 대표작이다.

피카소는 한국전쟁에서 양민 학살을 다룬 〈한국에서의 학살〉을 남기기도 했는데 여기서도 그의 강한 반전사상이 잘 드러난다.

〈게르니카〉가 걸려 있는 곳은 온전히 〈게르니카〉를 위한 전시실이라고 할 만하다. 〈게르니카〉의 밑그림이 되는 스케치와 판화 작품이 만들어지는 과정을 촬영한 사진 작품 등도 꽤 많다.

피카소는 강력한 공화주의자였다. 다른 곳도 아닌 바로 그의 고국 스페인에 프랑코 장군의 쿠데타로 군사정권이 들어서자 그는 항의와 반대를 줄기차게 펴나갔다. 〈게르니카〉 발표 전후에도 그는 〈프랑코의 꿈과 거짓, 1938〉이라는 작품을 발표했다.

2개의 테마로 이루어진 이 연작은 첫 번째는 프랑코의 꿈을 그리고 있다. 말을 타고 철갑을 두른 괴물 형상을 한 프랑코는 마치 돈

피카소, *게르니카*
1937, 캔버스에 유채, 349×776.6cm, 마드리드 레이나 소피아 미술관

키호테처럼 태양을 향해 달려들다 결국 무릎을 꿇고 만다. 두 번째 부분 프랑코의 거짓은 말 시체가 나뒹굴고 사람들이 비명을 지르며 땅이 파괴되는 장면을 묘사하고 있다.

그의 이 작품들은 스페인 선배 화가인 고야의 작품에 잘 나타나는 사실주의에 뿌리내린 상징주의 사조에 속한다. 특히 고야의 동판화 작품들인 〈변덕〉 시리즈에서 나타나는 음울한 회색의 세계는 〈게르니카〉에서 잘 나타난다.

피카소는 후에 〈게르니카〉에 관해 이 작품이 자신의 상징주의를 확실히 표현하고 있으며 그동안 자신이 가졌던 오랜 의문을 해결하는 작품이라는 말을 남겼다. 〈게르니카〉에서는 입체주의, 초현실주의의 영향도 보이는데, 초현실주의자들 모두 공화제의 지지자였다는 점에서 사상적인 공통점도 엿볼 수 있다.

〈게르니카〉 작업 전 피카소는 1937년 1월, 스페인 공화 정부로부터 파리 엑스포 출품 작품을 의뢰받았다. 그런데 4월에 게르니카 학살 사건이 일어나자 피카소는 곧 작품의 주제를 게르니카 사건으로 바꿔 5월 1일 작업에 들어가 6월 4일에 끝을 낸다. 가로 7.8m 세로 3.5m에 육박한 이 거대한 작품을 단지 5주 만에 그렸다는 건 정말 놀라운 사실이다.

당시 그의 연인이자 피카소의 그림 모델이었던 사진가 도라 마르(Dora Maar, 1907~1997년)는 작품이 만들어지는 과정을 사진으로 기록했는데 이 사진들을 보면 처음 데생과 최종 완성작이 그리 차이가 나지 않는다는 것을 발견할 수 있다. 그는 놀라운 집중력으로 전쟁의 참상을 고발하고 인류의 양심에 호소하는 세기의 걸작을 만들어낸 것이다.

〈게르니카〉 앞에 서면 우선 그 거대한 크기에 놀라게 된다. 화면이 너무 커서 피카소는 사다리를 타고 올라가 막대에 붓을 매달아 그렸다고 한다. 이 작품은 우선 흑과 백, 회색으로부터 강력한 힘을 느끼게 된다. 흑백과 회색으로만 만든 단순한 세상이 컬러의 세계보다 더 강한 힘을 발휘한다. 피카소는 당시 스페인 내전 소식을 신문 지면을 통해 전하던 전설적인 사진가 로버트 카파(Robert Capa, 1913~1954년)의 사진을 보고 참고했다. 특히 폭격으로 무너진 건물에서 아이의 시체를 붙들고 울부짖는 여인의 사진은 그에게 큰 영향을 미쳤다. 〈게르니카〉 그림 오른쪽 불에 탄 건물 안에서 비명을 지르는 모습은 바로 그 장면을 그린 것이다.

그 옆에는 얼굴이 길게 늘어진 여인이 팔을 뻗어 촛불을 들고 있다. 얼굴 밑에는 별 모양의 손이 그려졌다. 여기에서 촛불은 참상을 밝히는 진리의 빛을 의미한다. 촛불을 든 여인 밑에는 가슴을 드러낸 반 누드 상태의 여인이 있다. 그녀는 갑작스런 폭격으로 집에서 무방비 상태로 뛰쳐나왔다. 짐승의 다리처럼 커다랗고 뒤틀린 그녀의 다리가 충격적이다.

화면 중앙에서는 말이 그야말로 단말마의 비명을 지른다. 말은 여기저기 분절된 입체주의 기법으로 그려졌다. 눈여겨볼 것은 말의 코 부분. 코와 이빨을 확대해보면 바로 해골이 보인다. 이는 죽음의 상징이다. 원래 초기 스케치에서 피카소는 이 부분에 주먹을 움켜쥔 팔을 수직으로 그려 넣었다. 하지만 노골적인 정치적 메시지를 피하기 위해 나중에 이것을 없애게 된다.

말 머리 위에는 전등이 있다. 이 역시 촛불과 함께 진리의 빛을 나타낸다. 한편으로는 스페인어의 전등을 나타내는 단어인 '봄빌라bombilla'가 폭탄인 '봄바bomba'와 비슷하다는 이유도 있다. 이리저리 잘려 그려진 말 다리 아래로 사지가 잘려나간 시체가 나뒹군다. 그 참혹한 현장에도 꽃은 피어 있고, 죽은 이의 눈동자는 공허하게 떠 있다.

그림 왼쪽에는 눈동자가 없는 아이의 시체를 안고 절규하는 여인이 있다. 하늘을 향한 그녀의 피맺힌 울음이 뻗어나가는 곳, 소가 입을 벌리고 서 있다. 둘의 입은 곧 맞닿을 것 같다. 소와 말은 스페인 민중, 폭력, 죽음 등을 상징한다. 소머리 아래 다른 눈 하나가 어렴풋이 보이는 것을 보면 피카소가 이 부분을 수정하고 고심했음을 짐작할 수 있다. 소는 인간의 눈을 하고 관객을 똑바로 쳐다본다.

이 작품에는 유명한 일화도 전해진다. 그림이 완성된 후 이를 본 나치 장교가 못마땅하다는 듯 피카소에게 물었다.

"이걸 당신이 만들었나요?" 그러자 피카소가 대답했다. "아니, 당신들이 만들었소."

인류 역사상 최악의 인명 살상을 불러온 세계대전을 두 번이나 치른 20세기에 이보다 강한 메시지를 주는 작품도 없다. 그뿐만 아니라 작품 속 여러 기법들은 역시 20세기 미술사조들을 한곳에 아우른다. 이 작품을 보면 왜 피카소가 20세기 최고의 예술가로 불리는지 충분히 이해가 된다.

그러나 이 작품을 처음에는 사람들이 잘 이해하지 못했다. 지금 생각으로는 어떻게 그럴 수 있을까 싶기도 하지만 당시 세계 미술계의 중심은 파리에서 뉴욕으로 옮겨가던 시점이었다. 〈게르니카〉는 뉴욕 현대미술관 회고전에 선보이고 나서 비로소 20세기 최고 거장의 걸작으로 확실히 자리잡았다. 피카소가 이미 세계적인 작가였지만 〈게르니카〉를 통해 더욱 그의 진가가 빛나게 된 것이다.

〈게르니카〉는 자신의 나라가 민주화가 되면 이 그림을 보내겠다는 피카소의 말대로 독재자 프랑코 장군이 죽은 후 스페인으로 돌아갔다.

바르셀로나

카탈루냐
국립미술관

중세 서양 미술에서 중요한 부분을 차지하는 로마네스크
미술. 그러나 로마네스크의 빼어난 미술품들이 한곳에 모여
있는 곳을 찾아보기란 힘들다. 카탈루냐 국립미술관에서는
좀처럼 보기 힘든 초기 서양 미술 작품들과 대면하게 된다.
일찍이 피카소는 이 미술관을 두고 서양 미술의 근본을
알고자 하는 사람들에게 본질적이고 귀중한 가르침을 주는
곳이라고 했다.

미술관에 고미술품들만 있는가 하면 그것도 아니다. 2004년
시우타데야 공원의 현대미술관 컬렉션도 이곳으로 옮겨 주요
현대 스페인 화가들의 작품들도 같이 있다. 중세에서
현대까지 충실한 시간여행을 할 수 있는 소중한 곳인 것이다.

▲ 미술관 전경 ▲ 미술관에서 바라본 바르셀로나 전경

바르셀로나의 카탈루냐 국립미술관은 언뜻 보기에는 오래된 왕궁 같은 분위기를 풍기지만 원래 1929년 만국박람회를 위해 만든 건물이다. 겨우 한 세기 정도 된 건물을 국립미술관으로 개조한 것이다. 바르셀로나 시내가 한눈에 내려다보이는 몬주익 언덕에 있어 전망도 빼어나다. 밤에는 미술관 아래쪽 스페인 광장을 중심으로 분수쇼가 펼쳐진다. 이것이 바르셀로나의 또 다른 명물이 되고 있다.

미술관의 하이라이트라 할 수 있는 로마네스크 전시장에는 11세기에서 13세기에 이르는 작품들이 전시되어 있다. 카탈루냐 지방의 오래된 벽화를 그대로 뜯어온 것부터 패널화, 목조와 석조, 금속 장식품 등 다양하다. 그런데 이 작품들은 나중에 볼 호안 미로의 작품들에 큰 영향을 준 것이다. 미로는 이 미술관을 자주 방문해서 놀라운 상상력의 동물들에 특히 매료되었다. 그의 재미있는 생명체들이 이곳에서 탄생한 것이니 단지 오래된 유물이 아니라 지금도 생명력을 가진 놀라운 작품들로 보인다.

먼저 로마네스크 벽화들이 있는 전시장으로 간다. 전 세계 로마네스크 양식 벽화 중 최고 수준을 자랑하는 곳이다. 〈타울의 성 클리멘테 성당 애프스 벽화〉는 이 전시실의 대표작 중 하나다.

그림 중앙을 보면 우주의 지배자인 그리스도의 전신상이 보인다. 구세주는 발밑에는 지구를 두고 하늘의 둥근 원호 위에 앉았다. 그는 오른손으로는 축복을 내리고 왼손에는 책을 들고 있다. 펼쳐진 책에 쓰인 글은 'Ego sum lux mundi(에고 숨 룩스 문디)' 즉, '나는 세상의 빛이다'라는 뜻이다.

구세주 어깨 양 옆으로는 그리스어로 알파와 오메가가 그려졌으니 이는 곧 그가 세상 모든 것의 처음이자 시작임을 상징한다. 그를 둘러싸고 있는 사람들은 4대 복음서의 저자들 즉, 마태와 마가, 누가, 요한이다. 그 아래 인물들은 성모와 사도, 성자 등이며 성서의 주요 장면이 묘사했다.

구세주 바로 위로는 허공에 뜬 손이 옆을 가리키며 축복을 내리고, 꼭대기에는 7개의 눈을 가진 기이한 동물이 후광을 두른 채 공중에 떠 있다. 여러 개의 눈은 그리스도 아랫부분에 그려진 천사의 날개와 다른 동물의 몸통에도 나타난다. 이 눈들은 어쩌면 최후 심판날에 구세주를 도와 선한 자와 악한 자를 가려내는 눈인지도 모른다. 미로의 상상 속 동물을 보는 듯하다.

타울의 벽화 중에는 이 작품 외에도 성모 성당의 벽화도 눈여겨볼 만하다. 〈타울의 성모 성당 애프스 벽화〉는 미술관의 로마네스크 작품 중 가장 완벽한 것 중 하나다. 원래 벽화가 있던 곳 내부는 모두 그림들로 장식이 되어 있었지만 다른 벽화처럼 현재는 꽤 손상이 되어 보이지 않는 부분도 많다. 그럼에도 불구하고 그 내용과 구성을 재구성하는 데 큰 어려움은 없다.

이 성당의 가장 중요한 부분인 동쪽 애프스에 그려진 이 벽화는 동방박사의 경배 장면을 묘사하고 있다. 성모의 품에 안긴 아기 예수가 손을 옆으로 내밀어 축복을 내리는 가운데 여러 곳에서 온 사람들이 선물을 들고 경배를 올린다. 이는 모든 나라와 모든 연령대의 사람들이 예수의 신성함을 처음으로 인정함을 재현한 것이다.

타울의 성모 성당 애프스 벽화
작자 미상, 1123

성모자 아래쪽에는 신의 현현을 목격하는 자로 사도들이 등장한다. 아치 부분에는 신의 손, 그리고 그리스도의 희생과 성찬의 알레고리인 아벨의 형상, 아뉴스 데이(하나님의 어린 양) 등이 나타난다. 한편 마에스타 도미니(보좌에 앉은 성모)의 일부분으로 보이는 것과 동양의 직물 장식에 자주 등장하는 동물의 형상들 또한 그려 있다.

다음은 고딕 전시실. 카탈루냐 출신 페레르 바사의 작품을 본다. 〈성 제롬과 투르의 성 마르탱, 성 세바스찬과 골고다〉는 세 명의 성인에 대한 에피소드를 묘사하고 있는 제단화다. 윗부분에는 골고다에서의 십자가 처형을, 그 아래에 성인의 이야기가 그려졌다.

중앙의 성 제롬은 추기경 복장을 입고 서재에서 집필 중이다. 유명한 라틴어 성경 사본인 불가타 번역본을 집필한 그는 교회로부터 이 업적을 인정받아 사후에 추기경에 추대됐다. 그의 손바닥에서 성스러운 빛이 흘러나오는 것도 보인다.

옆에는 사자가 어리광을 부리듯 기어오른다. 성 제롬을 그린 작품들에서 자주 등장하는 사자는 성인이 사자를 보살펴 준 것에서 기인한다. 어느 날 사자가 발을 절뚝거리며 다가오자 성 제롬은 두려움 없이 사자의 발에 박힌 가시를 뽑아줬는데 그 후 사자는 평생 성인의 곁을 지켰다고 한다.

왼쪽 패널에는 투르의 성 마르탱이 등장한다. 그는 프랑스 중부 도시 투르에 살던 사제로 가난하고 불쌍한 자들을 위해 평생을 바친 것으로 유명하다. 그의 에피소드는 젊은 시절 군에 입대해서

페레르 바사, 성 제롬과 투르의 성 마르탱, 성 세바스찬과 골고다
1455, 패널화, 바르셀로나 카탈루냐 국립미술관

고야, 사랑의 알레고리
1805, 캔버스에 유채, 1,555×2,205cm 바르셀로나 카탈루냐 미술관

행군을 하던 때로 거슬러 올라간다.

몹시 추운 겨울날, 길에서 떨고 있는 걸인을 발견하자 그는 자신의 외투를 단칼에 반으로 잘라 반쪽을 걸인에게 줬다. 이후 그의 선행은 널리 알려져 성인으로 추대되고, 그의 외투는 성스러운 보물이 되어 후세에 자비를 상징하는 물건이 되었다.

마지막으로 오른쪽에는 성 세바스찬이 나타난다. 그는 한 손에는 긴 활을, 다른 손에는 여러 개의 화살을 들고 있다. 화살은 성 세바스찬을 그릴 때 항상 등장하는 물건이다. 로마 근위병 장교였던 성 세바스찬은 당시 금지되어 있던 기독교를 몰래 믿다가 발각, 황제로부터 사형을 판결 받고 화살로 처형된다. 그러나 그는 놀랍게도 살아났는데, 이후 화살은 죽음을 이기는 기적을 상징하게 됐다.

바로크 전시실에서 눈에 띄는 것은 고야의 〈사랑의 알레고리〉이다. 신화를 주제로 그린 고야의 작품은 거의 없는데 이 작품은 예외다. 그림은 그리스 신화 속 큐피드와 연인인 요정 프쉬케의 이야기를 담고 있다.

작품 속 여자 모델이 누구인지 알려지지는 않았지만 어떤 이들은 그녀가 고야의 〈마하〉 시리즈에 나오는 인물과 동일하다고 말한다. 그런데 자세히 보면 그보다는 고야가 1804년에 그린 라잔 후작부인과 더 닮아 보인다.

이 작품은 고야가 마드리드 왕궁에서 본 티치아노의 작품 〈타르킨과 루크레티아〉에서 영감을 받아 그린 것이다. 티치아노 작품에서는 왕족인 섹스티우스가 칼을 들고 정숙한 여인인 루크레티아를 겁탈하려 달려든다. 친구들과 여인의 정절을 시험하던 중 사촌인 클라니우스의 아내에게 욕정을 느껴 협박을 하게 된 것이다.

그러나 두 사람의 위치와 침대에 누운 여자 등 구도는 비슷하지만 내용은 다르다. 티치아노 작품의 잔인한 공격성이 고야의 작품에서는 사랑으로 바뀌어졌다. 그 결과 분위기가 매우 관능적이다. 프시케가 입은 반투명한 드레스 사이로 가슴이 비치고, 두 사람의 얼굴에는 섬세한 빛이 유희를 펼친다.

다음은 모던 아트 전시실. 19세기부터 주로 20세기 전반의 작품들을 모은 컬렉션으로 먼저 보는 것은 산티아고 루시뇰의 〈라 갈레트〉. 작품 속 실내 풍경이 스페인보다는 프랑스 분위기가 더 많이 나는데 그 이유는 화가가 파리 몽마르트르에 살던 시기에 그린 것이기 때문이다.

루시뇰은 유명한 카바레인 물랭 드 라 갈레트가 있는 공원을 배경으로 한 작품을 많이 그렸는데 여기서는 그 건물 안의 모습을 묘사하고 있다. 그중에서도 부엌이다. 그러나 음식준비로 정신이 없는 곳이 아니라 텅 비어 있는 곳이라 시적인 분위기마저 감돈다. 흡사 프랑스의 사진 작가 외젠 앗제의 초현실적인 파리 풍경 사진을 보는 것 같다.

어둠에 싸인 전경에는 나이 든 여자가 앉아 있고 다소 침울한 공기가 감싸고 있다. 이는 중경의 환하고 부산할 것 같은 풍경과는 대조적이다. 하지만 거리에는 어떤 사람들도 보이지 않고 움직임도 없이 정적이 흐른다. 이 빈 공간은 활동을 나타내는 미세한 암시로 가득 차 있지만 어쩔 수 없이 소외와 슬픔의 감정을 불러일으킨다.

다음은 헤르멘 앙글라다 카마라사(Herman anglada camarasa, 1871~1959년)의 〈그라나다 여자〉다. 카마라사는 스페인 모더니즘 그룹인 '모데르니스타'의 2세대에 속하는 화가로 바르셀로나에서 활동하다 파리로 옮겨 갔다. 그는 파리에서 약 20여 년간 살면서 작품을 남겼다.

드가와 툴루즈 로트렉의 영향을 많이 받은 카마라사는 빛의 효과를 강조하는 화풍으로 파리의 밤 문화를 떠올리게 하는 작품들을 그렸다. 그러나 바르셀로나에서 열린 전시에서 관심을 받지 못하자 카탈루냐 미술계와는 점점 멀어졌다. 그러나 국제적인 명성은 높아졌다. 이후 발렌시아 지방의 민속적인 주제를 접하면서 색채에 집중하고 밝고 인공적인 장식을 강조했다.

이 작품은 그가 파리를 떠나 스페인 마요르카에 정착하면서 그리기 시작한 여자 초상화 시리즈 중 하나다. 배경은 형체를 알아보기 힘들지만 인물은 그 존재가 뚜렷하다. 특히 여자가 입고 있는 옷은 화려하기 그지없다.

이 작품에서 화가는 거의 모든 색을 사용해 숄을 칠했다. 결과적으로 몹시 인상적인 색채 효과를 만들어내고 있다. 당시에는 이런 과도한 장식이 부자연스러운 것으로 여겨졌지만 현재는 그의 대

헤르멘 앙글라다 카마라사, 그라나다 여자
1914, 캔버스에 유채, 바르셀로나 카탈루냐 국립미술관

호아킴 수니에르, 칼라 포른
1917, 바르셀로나 카탈루냐 국립미술관

표작 중의 하나가 되었다.

다음으로 보는 것은 호아킴 수니에르(Joaquim Sunyer, 1874~1956
년)의 〈칼라 포른〉이다. 20세기 초 스페인에는 전위적인 예술가 그룹
인 모데르니스타modernista와 이것과 반대편인 전통적인 화풍의 노우
센티스타noucentisma 그룹이 있었는데 앞서 본 카마라사가 전자의 대
표 주자라면 수니에르는 후자를 대표한다.

수니에르는 파리에 10여 년간 머물면서 신인상파 영향을 많이 받았고 나중에 고국에 돌아와서 초상화와 풍경화를 주로 그렸다. 파리 시기와는 달리 그의 캔버스에는 지중해의 빛이 많이 담기기 시작했다. 이 작품에서 특히 배경이 되는 풍경을 보면 세잔의 영향이 많이 나타나지만 세잔과 달리 풍경과 인물을 조화롭게 배치했다. 그는 일상의 평범한 인물들을 마치 신화에 나오는 인물들처럼 우아하게 표현하고 있다.

호아킴 수니에르의 다른 작품 〈마리아 리모나의 초상〉은 수니에르의 초상화 중 최고로 꼽히는 것이다. 이 작품 역시 세잔이 자신의 부인을 그린 초상화에서 영향을 많이 받은 것이지만 특히 색채의 섬세한 사용이 돋보인다.

모델은 모데르니스타 그룹의 대표 조각가인 요셉 리모나의 딸 마리아다. 수니에르는 그녀의 강인한 인상을 활기차게 묘사하고 있다. 푸른색과 흰색, 붉은색의 극히 좁은 스펙트럼으로 미묘한 차이를 만들어 낸 결과 놀라운 표현력의 초상화가 탄생한 것이다.

마지막으로 보는 것은 프란체스코 도밍고(Francesco Domingo, 1893~1974년)의 〈카드 놀이하는 사람들〉이다. 도밍고는 보수적인 노우센티스타 2세대에 속하는 화가로 쿠르베 그룹의 일원이기도 했다. 이 작품은 그가 파리에서 돌아와 칼데스 데 몬트부이의 카페에서 사람들이 카드놀이를 하는 것을 보고 그린 작품이다. 그는 여러 장의 스케치와 사전 드로잉을 바탕으로 수년 동안 이 작업에

바르셀로나 분수쇼

매달리면서 여러 버전의 작업을 완성했다.

그는 이 그림에서 당시 획기적인 기법을 선보였는데 변화가 없는 강렬한 색과 형식적이고 빠른 붓질, 차분하면서 밝은 표현, 등장 인물들 간의 리듬이 만들어내는 통일성 등으로 평범한 일상에 생명을 부여했다.

미술관 관람이 끝나면 그 유명한 분수쇼를 보러 간다. 미술관을 나오면 바로 아래에서 펼쳐지기 때문에 그냥 지나칠 수 없기도 하지만 큰 볼거리이기도 하다. 분수쇼가 만들어진 것은 1929년 만국박람회때 영화감독 비가스 루나에 의해서였다. 1980년대에는 여기에 음악이 추가되었는데 지금은 클래식에서 팝 음악까지 다양한 음악에 맞춰 형형색색의 빛을 내는 분수가 춤을 추며 환상적인 볼거리를 제공한다. 분수는 때로 10m가 넘는 높이로 치솟기도 한다.

웅장한 클래식 음악은 사뭇 극적인 분위기까지 만들어낸다. 노랑, 파랑, 빨강, 보라의 물기둥 들이 음악에 맞춰 춤을 춘다. 이리저리 몸을 뒤틀고 옆으로 퍼졌다가 힘차게 위로 솟구쳤다가 땅으로 추락한다. 환상적인 물줄기가 바르셀로나의 밤에 절로 취하게 한다.

바르셀로나

가우디 기행

바르셀로나를 방문하는 사람들이 가장 가보고 싶어 하는 곳 중 하나가
바로 사그라다 파밀리아다. 예수와 그의 가족을 테마로 지은 이 건축물은
사람들의 감탄을 자아내기에 전혀 부족하지 않다. 그 외에도 구엘 공원,
카사 바트요, 카사 밀라 등 바르셀로나에는 놀라운 건축물이 많다.
더 놀라운 것은 이 모든 건축물의 건축가가 바르셀로나의 자존심
안토니 가우디 한 사람이라는 점이다.
가난한 주물제조업자 아들로 태어나 세계적인 건축가가 된 그의
건축물들은 유네스코 세계문화유산으로 지정되어 있는데 한 개인의
작품으로는 최다라는 기록을 갖고 있다.
기발한 상상력과 담대함, 영적인 깊이에 어린아이 같은 천진난만한
모습도 갖고 있는 그의 작품들은 오늘도 많은 사람들을 매혹시키고 있다.

여러모로 천재의 면모를 지닌 가우디에게는 흥미로운 에피소드도 따라다닌다. 상상을 초월하는 그의 창의력은 바르셀로나 건축학교 재학 시절에도 유명했는데, 그의 학과 성적은 그리 뛰어나지 않았다. 심지어 졸업식에서 졸업장을 수여하던 학장이 이걸 바보에게 주는 건지, 천재에게 주는 건지 모르겠다는 말을 남겼다는 이야기도 전해 내려온다. 물론 시간이 지나면서 바르셀로나 건축학교는 천재에게 졸업장을 준 것으로 드러났지만 말이다.

가우디는 자신의 일에만 빠져 거의 은둔자로 지냈다. 외부에 드러나는 것을 좋아하지 않아 당대 유명 건축가였음에도 불구하고 사람들이 그의 얼굴을 잘 모를 정도였다. 그래서 그의 사고와 죽음조차 제대로 알려지지 않았다.

가우디가 전차에 치였을 때 그의 행색이 너무 초라해 노숙자로 오해받아 방치되었고, 나중에야 병원으로 옮겨졌지만 사망하고 말았다. 이후에도 그의 신원이 밝혀지지 않아 며칠간 부랑자 시체 안치소에 방치되고 말았다.

비록 그는 가고 이제는 전설이 되었지만, 바르셀로나를 다니다 보면 가우디의 숨결이 여전히 도시를 감싸고 있는 것을 곳곳에서 느낄 수 있다. 어쩌면 그가 바르셀로나의 든든한 주춧돌이 되고 있어 현재가 그 위에 튼튼한 집을 짓고 있는지도 모른다. 그래서 가우디의 작품을 찾아가는 길은 의미 있는 순례가 된다. 비록 건물 입장료가 상당히 비싸다는 단점은 있지만 자신의 취향에 맞는 곳을 선택해서 관람하고 나면 후회는 하지 않을 것이다.

사그라다 파밀리아 전경

가우디의 가장 대표적인 작품이라면 무엇보다 먼저 사그라다 파밀리아를 꼽을 수 있다. 그의 대표작이면서도 여전히 건축 중인 곳. 미완성인 작품이 대표작이 되는 것은 완성작들을 뛰어넘을 만큼 빼어나다는 뜻이다. 사그라다 파밀리아는 공사를 시작한 지 100년이 훌쩍 넘었고, 가우디 사후 100주년이 되는 오는 2026년을 완공을 목표로 하고 있다.

사그라다 파밀리아가 있는 곳은 지하철역 이름까지 같은 사그라다 파밀리아다. 바르셀로나에서 이 건물이 얼마나 중요한 위치를 차지하고 있는지 알 수 있는 대목이다. 건물은 워낙 높아서 멀리서부터 보이기 시작한다. 사실 너무 커서 막상 앞에 가면 한눈에 다 보기 힘들다. 사진을 찍으려고 뒤로 많이 가도 카메라 파인더에 다 잡히지 않을 정도다.

천재 건축가 가우디는 성당 지하에 묻혀 있지만, 지금도 그의 영혼은 사그라다 파밀리아를 배회하고 있을지 모른다. 조금씩 형태를 만들어가는 건물을 보며 그는 자신의 의도와 맞게 잘 진행되고 있다고 회심의 미소를 지을까, 아니면 아둔한 후세의 인간들이 자신의 작품을 다 망치고 있다며 불평하고 있을까?

성당 건축은 처음부터 가우디에게 맡겨진 것이 아니었다. 가우디의 스승 비야르가 설계를 했지만 건축주와 갈등을 빚다 중간에 교체된 것이다. 그때 가우디 나이 31세. 이미 젊은 나이에 능력을 인정받은 것이다. 가우디가 이 성당에 바친 기간만 1926년까지 약 40여 년에 달한다. 물론 서양의 대성당이 대부분 그렇듯 사그라다 파밀리아를 완성하는 데도 오랜 기간이 걸릴 것을 알았던 가우디도 자기 생전에 이 건물이 완공되는 것을 보지 못하리라는 것을 충분히 예상했다.

가우디는 사그라다 파밀리아를 3개의 파사드로 만들려고 했다. 탄생의 파사드, 수난의 파사드, 영광의 파사드가 그것이다. 이 중 가우디가 실제 완공까지 한 것은 탄생의 파사드 하나뿐이다. 그것도 겨우 파사드의 첨탑 하나와 로사리오 예배당, 수도원 외벽 부분이었다.

공사 기간이 길다 해도 처음에는 가우디 자신도 공사가 그토록 오래 걸릴지 몰랐다고 한다. 그러나 공사비 문제로 작업하는 날보다 쉬는 날이 더 많았다. 오직 시민들의 헌금만으로 공사를 진행했기 때문이다. 가우디도 거액의 재산을 헌납했지만 시간이 흐르면서 공사가 3대가 걸릴 것이라고 예상했다. 실제 성당 공사는 가우디가 죽고 난 후 가우디의 제자와 다시 그 제자들에 의해 현재까지 진행 중이다.

가우디 사후 완성된 다른 파사드는 수난의 파사드. 이 부분은 건축가 호세프 마리아 수비라치가 1954년에 착공해서 1976년에 완공한 것이다. 마지막 하나 남은 영광의 파사드는 2002년 착공해서 가우디 사후 100주년인 2026년에 완공할 예정으로 현재 공사 중이다.

세 개의 파사드는 탄생의 파사드가 예수의 탄생, 수난의 파사드는 십자가 처형, 영광의 파사드는 최후의 심판을 각각 묘사하고 있다. 파사드에는 각각 4개의 첨탑이 올라가 총 12개의 첨탑을 구성하는데 이는 12사도를 기리는 것이다. 여기에 가장 큰 첨탑이 올려지는데 성모 마리아 조각이다. 각 첨탑은 거대한 옥수수를 닮은 형상이다. 자연 형상에서 영감을 얻었기 때문이다.

가우디는 이 성당이 나무와 유사한 구조를 가지기를 원했다. 그리고 고대 그리스 건축에 나타나는 기하학을 활용하려 했다. 그래서 사그라다 파밀리아를 아래에서 올려다보면 끝이 뾰족한 나무를 밑에서 바라보는 듯한 느낌이 든다. 동시에 파사드와 첨탑들이 서로를 배척하지 않고 완벽하게 조화를 이루고 있음을 발견하게 된다.

먼저 탄생의 파사드로 가 본다. 이 파사드는 예수 탄생을 주제로 하고 있다. 양쪽 기둥 아래에는 거북이 조각이 새겨져 있는데 마치 이 성당 공사가 거북이 걸음처럼 늦어질 것을 예언하는 것 같다. 파사드 출입문 위의 조각은 크게 세 부분으로 나누어진다. 왼쪽의 소망, 중앙의 사랑, 오른쪽의 믿음 부분이다.

중심이 되는 중앙 사랑 부분에는 아기 예수와 마리아, 요셉을 중심으로 위쪽에는 천사들, 아래쪽에는 동방박사와 목동 들이 보인다. 왼쪽 소망 부분은 위에서부터 마리아와 요셉의 결혼식 장면, 아기 예수와 요셉, 이집트 탈출, 무고한 어린이들의 학살 장면 등으로 이루어진다. 마지막 오른쪽 믿음 부분은 위에서부터 예수 탄생 축하, 예수와 유대 선생, 예수와 요셉, 목수 요셉의 모습 등이 새겨졌다.

가우디는 이 조각들의 모델을 모두 주변에서 만난 인물들로 채워 넣었다. 그는 성서의 이야기를 지금 이곳의 현실로 가져오기를 원했다. 그럼으로써 신의 사랑이 현세에서도 구현되기를 바랐던 것이다. 인물 주변의 여러 오브제들 역시 주위 사물들에서 가져온 것이다. 실물을 도르래로 들어올려 확인 후 조각으로 만들 정도였다.

탄생의 파사드 반대편 서쪽 출입구에 있는 것은 수난의 파사드. 가우디 사후에 건축가 수비라치가 착공해서 1976년에 완성한 것이다. 가우디의 파사드와는 상당히 다른 분위기라 처음에는 비난이 있기도 했다. 그러나 수비라치는 가우디 필생의 작업을 잇는다는 부담을 떨치고 항상 새로운 것을 시도했던 그의 정신에 맞는 작업을 했다.

역시 거대한 종탑을 배경으로 삼각형 아치로 지붕을 만들고 그 아래 조각상들을 새겨 넣었다. 고전적인 탄생의 파사드와 달리 간결함이 돋보이는 현대적인 작품들이다. 중앙 벽면은 사랑을 테마로 한다. 윗부분에는 십자가에 매달린 예수가 무심하게 아래를 내려다보고 있다. 아래에는 중앙에 성녀 베로니카가 예수의 얼굴이 새겨진 베일을 들고 있다. 그리고 옆으로는 십자가를 들고 언덕을 힘겹게 올라가는 예수의 형상이 보인다. 반대편에는 로마 병사, 그리고 예수를 물끄러미 바라보는 남자가 있는데 그는 마치 가우디 자신처럼 보이기도 한다.

마지막으로 여전히 작업 중인 영광의 파사드는 가우디 사후 100주년인 2026년에 성당 완공이라는 야심찬 계획 아래 높은 장막

사그라다 파밀리아 탄생의 파사드 조각

사그라다 파밀리아 수난의 파사드 조각

에 가려진 채 모습을 드러내지 않고 있는 이곳의 테마는 생명의 빛으로 십계가 들어있는 궤, 노아의 방주, 성 가족의 집 등이 올라갈 예정이라고 한다. 이 파사드 역시 위로는 4개의 거대한 종탑이 올라가고 그 아래 조각상들이 새겨질 것인데, 모형은 가우디를 따르지만 현대적인 기법으로 만들어지고 있다.

이제 성당 안으로 들어가 본다. 먼저 까마득하게 높이 서 있는 기둥들이 눈에 들어온다. 그 형태가 마치 울창한 줄기와 잎을 가진 나무 같다. 가우디의 자연친화적인 건축세계를 다시금 깨닫는 순간이다.

그는 "나무와 집은 태양과 비로부터 사람을 보호해준다는 사실에서 같은 기능을 가지고 있다."라고 했다. 그러니 그가 집을 만들 때 나무의 형태를 참고한 것은 당연한 결과인 것이다. 그리고 가우디는 사그라다 파밀리아 안에서 바르셀로나 시민뿐 아니라 모든 사람들이 하나가 되기를 원했다.

건물은 세로가 긴 십자 형태다. 스테인드글라스 창이 빛을 다양한 색으로 바꿔서 내부를 물들인다. 가우디는 단지 나무뿐만 아니라 자연계의 셀 수 없이 많은 변화무쌍한 형태를 모방했다. 그 중 성당 꼭대기에 올라가면 바로 손에 잡힐 듯 보이는 조개껍데기를 모방한 종탑 끝부분이다. 성당을 휘감아 올라가는 계단 역시 해양생물 모습에서 영감을 얻은 것이다. 이 외에도 언뜻 자연 속의 생물체가 곳곳에 들어앉아 신비로운 숨을 내쉬고 있는 듯한 건물을 보고 나

사그라다 파밀리아 내부

면 한편의 거대한 자연 파노라마를 보는 듯한 착각에 빠지게 된다.

가우디 작품 순례를 위해 다음 날 들른 곳은 구엘 공원. 사실 바르셀로나에 온 사람들 대부분이 다니는 코스다. 그러나 너무 흔하다고 빼먹기에는 너무 아까운 곳이므로 꼭 들러볼것을 권한다. 이곳은 가우디를 적극 지원했던 사업가 구엘의 의뢰로 만들어진 곳이다.

사업수완이 뛰어났던 구엘은 현재 위치에 있는 농장을 사 들인 후 자신이 외국에서 보았던 고급주택단지를 만들고자 했다. 바르셀로나의 전경이 한눈에 들어오는 위치라 성공적인 사업이 될 것이라 보았다. 그러나 현장을 둘러본 가우디는 생각이 달랐다.

경사와 굴곡이 심해 주택 단지를 지으려면 대대적인 토목공사가 필요했던 것이다. 다른 사람 같으면 언덕을 깎고 축대를 만드는 식으로 공사를 할 수도 있었지만 평소 자연을 훼손하지 않고 그대로 살리는 것을 원칙으로 하는 가우디는 그럴 수 없었다. 그는 당시로서는 현대적인 친환경공법으로 주택단지 대신 이 안에서 모든 것이 가능한 복합문화단지를 만들기로 했다.

가우디는 원래의 지형을 살리는 것뿐 아니라 현장에서 파낸 흙이나 잡석도 적극 활용해서 공원의 아치 산책로를 만들 때 사용했다. 그 결과 지금의 지연적이고 입체적인 공간이 탄생됐다. 그리고 여러 나무와 자생식물로 원래의 숲을 복원했다.

공원 정문을 들어서면 거대한 궁전 같은 건물이 나온다. 앞에는 작은 건물들이 있는데 오른쪽은 수위실이고 왼쪽은 사무실이다.

▲ 구엘공원 산책로
◀ 구엘 공원 내부

구엘 공원 벤치

수위실은 동화에 나오는 집처럼 장식이 앙증맞다. 아마 세계에서 가장 예쁜 수위실이 아닐까 싶다.

그 앞으로 분수와 온갖 동물 조각으로 장식된 계단이 나타난다. 계단을 올라가면 수십 개의 돌기둥이 받치는 신전 같은 곳이 나타나는데 가우디가 실내시장으로 구상한 곳이다. 바로 윗부분은 거대한 마당이다. 마당에는 세계에서 가장 긴 벤치가 있다. 구불구불한 벤치는 깨진 도기 조각들로 아름답게 장식되었다. 또한 인체공학적으로 만들어져 앉으면 꽤 편안하다. 앉아서 바라보는 바르셀로나의 멋진 풍경은 덤이다.

마당을 나와 산책길로 가 본다. 밖에서 볼 때는 종려나무가 늘어선 것 같은 모습이지만, 안으로 들어가면 끝없는 동굴에 들어가는 듯하다. 한쪽으로 심하게 기울어진 벽과 기둥은 마치 신비한 탐험이라도 하는 것 같다. 이 돌들 역시 공사장에서 나온 돌들로 만들어진 것들이다.

한편 가우디는 1906년, 구엘 공원에 지은 집으로 이사 와 아버지와 조카 로사와 함께 살았다. 그러나 가우디의 지원자였던 아버지는 1년 후 죽고 만다. 공원이 미완성인 상태에서 구엘이 죽자 로사의 아들은 공원을 팔아버렸다.

다음으로 가는 곳은 가우디가 지은 대표적인 주택의 하나인 카사 바트요. 바르셀로나의 대표 거리 중의 하나인 그라시에 거리에 있다. 이 거리에는 가우디가 지은 다른 건물인 카사 밀라가 한 블록 비켜서 있을 뿐 아니라, 여러 개성적인 건축물들이 모여 있는 거리로 유명하다.

이 거리는 가우디가 건물을 지을 당시에도 이미 유명했다. 바르셀로나의 내로라하는 건축가들의 경연장이었던 곳이기 때문이다. 당시 건축주들은 자신을 돋보이기 위해 최고의 건축가들에게 다른 건물들과 차별되고 눈에 띄는 건물을 요구했다. 가우디도 한창 명성을 높여가고 있던 때라 당연히 그에게도 의뢰가 들어왔다.

바트요는 바르셀로나의 유명 섬유사업가로 이미 그라시에 거리에 18세기에 지어진 집을 가지고 있었다. 어느 날 바로 옆집이 중세풍으로 집을 개축하자 자신의 집 역시 눈에 띄게 화려한 건물로 개축하고자 했다. 그의 야심에 가장 어울리는 건축가가 바로 가우디였다.

다른 건축가들은 당시 유행하던 신고전주의 양식의 건물을 지었다. 그러나 가우디는 자신의 상상력으로 신화의 세계를 만들어 냈다. 그는 폭이 좁은 7층짜리 건물 외관에 바다를 새겨 넣고, 용에게 잡아먹힌 희생물들의 해골과 뼈로 장식했다. 그래서 이 집을 해골의 집이라 부르기도 한다.

건물 안으로 들어가면 마치 공룡이나 거대한 동물 뱃속으로 들어간 기분이 든다. 둥근 천장과 벽은 아늑한데 휘돌아 올라가는 계단은 마치 공룡 뼈다귀를 갖다 붙인 것 같다. 건물 전체는 아랫부분과 윗부분의 모습이 각기 달라 재미있다.

2층으로 올라가면 이 건물의 하이라이트라 할 수 있는 거실이

1 카사 바트요 야경 2 카사 바트요 계단
3 카사 바트요 벽난로 4 카사 바트요 내부 벽

눈에 들어온다. 천장은 풍만한 곡선으로 이루어져 있고, 그 아래 창문은 굴곡이 심하며, 색색의 유리로 장식한 창문 너머 보이는 거리는 흡사 바닷속에서 바라보는 풍경 같다. 건물이 순식간에 잠수함이라도 된 것 같다. 벽난로와 가구들 역시 잘 어울린다.

건물 중정으로 난 창문으로 위를 올려다보면 흰색과 회색, 하늘색, 청색 타일 들이 빚어내는 빛의 향연이 마치 바닷속을 유영하는 듯한 기분을 갖게 한다. 바닷속으로 눈부신 빛이 내려오는 듯한 집. 다른 주택에서 찾아보기 힘든 놀라운 공간이다.

건물 가장 높은 곳에는 다락방도 있다. 커다란 포물선 지붕 구조는 신성한 예배당 느낌도 풍긴다. 작은 탁자 위에는 가우디의 생전 모습을 담은 영상이 돌아가고 있어 새삼 그를 기리게 한다.

가우디는 건물 어느 한 부분도 소홀히 하지 않았다. 옥상에도 공룡의 등뼈 같은 벽 장식, 울퉁불퉁한 과자처럼 생긴 십자가와 사그라다 파밀리아에서 본 탑 같은 것들이 여기저기에 놓여 있다.

놀라운 사실은 지금도 이 건물에 사람들이 산다는 것. 카사 바트요는 밤이면 조명을 받아 더욱 빛을 발한다. 가우디의 꿈이 만들어낸 건물에 산다면 매일이 참 행복할 것 같다.

카사 바트요를 나와 근처에 있는 카사 밀라(카사 페드레라)로 간다. 이 건물 역시 외관부터 시선을 끈다. 건물이 전체적으로 둥글다. 거기에 벽은 구불구불하다. 가우디는 자연 형태를 즐겨 사용하는데 이 건물 외벽은 파도 모양이다.

그는 자연에는 직선이 없다고 했다. 직선은 인간의 선이고 곡선이 신의 선이라고 했다. 효율성을 강조한 직선으로만 만든 건축물에 익숙해져 있던 이들에게는 이런 비정형의 건축이 상당히 신선할 수밖에 없다.

카사 밀라는 가우디가 카사 바트요를 짓고 난 후 그의 명성이 바르셀로나를 흔들기 시작한 때였다. 이 건물 이름도 의뢰인인 밀라에게서 따온 것이다. 밀라는 부자 미망인 로사리오와 결혼 후 그녀가 새 건물을 지으려고 건축가를 찾자 이미 카사 바트요의 독특함에 반한 그가 가우디를 소개했다. 가우디를 괴상한 집을 짓는 괴짜 건축가라고 비난하는 사람들도 있었지만 그녀는 남편을 믿고 맡겼다.

카사 밀라의 특이한 물결 모양 외관은 바르셀로나를 굽어보는 몬세라트 산 바위들에서 영감을 받은 것이다. 건물 외관은 무거운 사암으로 장식됐는데 이 사암 역시 몬세라트에서 가져온 것이다. 그러나 바위가 너무 무거워서 공사를 하는 데 많은 애로를 겪어야 했다.

그럼에도 불구하고 가우디는 당시로서는 최신공법을 이용, 철골구조에 돌을 입히는 데 성공했다. 그 결과 건물은 매우 독특한 외관을 갖게 됐는데, 사람들은 이 집을 벌집이나 채석장 같은 별명으로 부르기도 했다. 뿐만 아니라 당시로서는 최신설비인 중앙난방과 전기엘리베이터, 자주식 주차장, 온수시설을 갖춘 최고급 빌라로 건축 당시에 이미 유명세를 떨쳤다.

⬆ 카사 밀라 전경 ▲ 카사 밀라 옥상

카사 밀라 옥상으로 올라가면 아래로 두 개의 중정이 내려다 보인다. 이 중정을 통해 아래까지 빛이 넉넉하게 들어간다. 옥상에는 특이한 장식들이 가득하다. 입구에는 아기 예수를 안은 듯한 성모의 모습과 여러 천사들 조각이 가득하다. 투구를 쓴 병사들 모습도 보인다. 이것은 가우디의 '건물의 머리카락'이라는 아이디어에서 나왔다. 그는 '건물은 마치 모자와 파라솔처럼 2개의 지붕을 가져야 한다'는 재미있는 생각을 한 것이다. 모자와 파라솔을 머리에 얹은 카사 밀라는 오늘도 바르셀로나의 거리에서 도도한 자태를 뽐내고 있다.

바르셀로나에서 마지막으로 가는 미술관은 호안 미로
미술관. 피카소와 더불어 스페인 현대 미술의 거장인 호안
미로의 작품들을 모아 놓은 곳으로 그의 독특한 작품세계를
감상할 수 있다. 카탈루냐 미술관에서 가까워 미술관
뒤쪽으로 걸어서 약 20분 정도면 도착한다. 미술관은 예전
올림픽 경기가 열렸던 몬주익 언덕에 있다. 마드리드에서
가장 큰 녹지가 있는 곳으로 산책하기에도 좋다. 여기에서
내려다보는 바닷가 전망도 좋다.
미술관 근처에 가니 마침 단체 관람을 한 학생들이 이미
관람을 마치고 나와서 편안하게 쉬고 있었다.

호안 미로는 이곳 바르셀로나 출신이다. 그는 특히 자신이 카탈루냐 출신인 것을 자랑스럽게 여겼다. 그래서 자신을 소개하는 문구에서 '스페인 화가'라고 된 것을 '카탈루냐 화가'로 고쳐달라고 했을 정도였다.

부유한 상인이었던 미로의 아버지는 그가 사업가가 되길 바랐다. 그러나 미로는 일찍부터 미술에 큰 관심과 열정을 보였다. 14살 때는 다니던 학교에서 쫓겨날 정도로 미술 외에는 흥미가 없을 정도였다. 그는 결국 미술아카데미에 입학해서 미술을 공부하게 된다.

그는 피카소와도 인연이 깊은 편인데, 미술아카데미에서 그에게 미술을 가르치던 선생이 피카소의 아버지였다. 이 인연으로 미로는 훗날 피카소의 파리 아틀리에를 찾아가게 되고, 피카소와 친밀한 관계를 유지하게 된다.

호안 미로 미술관은 1975년에 문을 열었다. 미로는 자신의 고향이기도 한 바르셀로나에 예술의 보금자리를 만들겠다는 포부로 이 미술관 건립에 주도적으로 참여했다.

그는 다양한 작품들을 통해 관객이 자극을 받는 미술관을 원했다. 사람들이 예술을 발견해서 살아있는 경험을 만들기를 희망했다. 미로는 이 미술관을 자신의 주요 작품을 소장하는 곳 뿐만 아니라 젊은 작가들의 작품도 전시하는 동시대 미술 요람으로 만들려고 했다. 그 결과 현재 이곳은 약 1만 3,000여 점의 작품이 소장돼 있다.

미술관은 건물 외관부터 색다르다. 미로의 친구이기도 한 건축

호안 미로 미술관 전경 ▲ 호안 미로 미술관 외부 조각

가 호세 루이스 셀트는 합리적인 설계를 바탕으로 지중해 양식을 가미했다. 건물 앞에는 콜더의 거대한 철제 조각을 비롯해 미로의 작은 조각품들이 서 있다. 미로는 그림뿐만 아니라 조각도 탁월한 작품들을 많이 남겨 중요한 컬렉션 품목이다. 옥상에도 미로의 작품들을 여럿 전시하고 있다.

미술관 안으로 들어가면 시대별로 그의 작품이 잘 정리되어 있다. 전 세계 미술관 중에서 미로의 작품을 가장 많이 소장하고 있으며 그 종류도 회화에서 조각, 태피스트리, 판화, 데생 등 다양하다. 미로의 세계는 초현실주의적인 무의식 탐구, 직관과 자유연상으로 가득하다. 그의 작품은 어린 아이 같은 순수한 생명력이 넘치지만 한편에서 회화의 파괴자라는 평가를 하기도 한다.

먼저 보는 작품은 〈회화(흰 장갑), *1925, 캔버스에 유채와 템페라, 116×89cm, 바르셀로나 호안 미로 미술관*〉. 푸른 배경에 어린 아이가 그린 것 같은 하얀 장갑과 인간의 형상, 나비 형상이 그려졌다. 각각의 형태들은 겉으로 보기에는 아무런 맥락 없이 배치되어 있는 것처럼 보인다.

미로는 작품에서 단지 개요만 보여주는 공간을 만든다. 그림에 나타난 극히 소수의 요소들이 전체 의미를 담고 있다. 작품 속 풍부한 시적인 언어는 때로는 수수께끼 같다. 형태들은 암시적이고 불분명한 공간에 걸려 있다. 결국 미로 작품에서 요소의 선택과 배치는 사물 재현보다는 관객 스스로 생각을 끌어내도록 호소하는 데 있다.

이어지는 작품은 〈아침의 별, *1940, 종이에 과슈, 유채, 파스텔,*

38×46cm, *바르셀로나 호안 미로 미술관*〉이다. 이 그림은 2차 세계대전 때 제작한 것으로 당시 미로는 노르망디에 피난처를 찾고 있던 때였다. 나치가 프랑스를 침공하자 그는 더 이상 그림을 그리지 못하리라는 공포에 사로잡혔다.

파리에서 노르망디로 간 그는 바닷가에서 모래로 그림을 그리거나 자기가 피운 담뱃재로 그림을 그렸다. 이때 그리기 시작한 것이 〈성운〉 시리즈다. 그는 훗날 당시를 회상하며 자신을 둘러싼 비극을 잊을 수 있는 시간이었다고 회상했다.

미로는 이 시리즈를 만들 때 바흐나 모차르트의 음악에서 영감

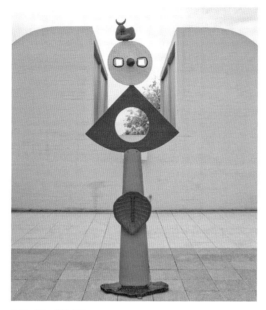

호안 미로, 새의 애무
1967, 바르셀로나 호안 미로 미술관

을 받아 즉흥적으로 형체를 추가하는 방식으로 작업했다. 이 작품 들은 어떤 모델이나 기법, 특정한 색조도 없이 단지 정체를 알 수 없 는 공간에 선과 색채가 배치된 것뿐이다. 〈성운〉 시리즈는 비록 시 각적으로 복잡해 그 자체에 집중하기 힘들지만, 후에 미로가 자신의 작품에서 사용하게 될 필수적인 요소들을 포함하고 있다.

미술관 옥상으로 올라가면 그의 여러 조각품들과 만나게 된다. 〈새의 애무〉는 미로의 조각 중에서 가장 큰 작품이다. 언뜻 보면 사 람의 형태 같지만 제목에서 알 수 있듯 새의 모습이다.

미로는 조각에 색채를 도입했다. 이전의 무채색 조각에서 벗어나 밝은 원색을 쓴 것이다. 그는 이 작품에서처럼 각 부분을 다른 색으로 칠했다. 그 결과 역설적으로 조각은 더 비현실적이 되었고, 강렬한 색채 아래에서 거칠고 조악하고 부드럽거나 구멍이 난 질감만이 보이게 되었다.

이 작품에서처럼 각 부분은 오브제로서의 형태에 의해 구분되는 것이 아니라 미로가 선택한 색채의 특징에 의해 구분된다. 즉 형태보다 색채가 더 중요한 역할을 하게 되는 것이다. 결과적으로 이 작품은 조각보다 회화의 속성을 더 많이 담고 있는 것이다.

〈미로, 푸른색의 황금, 1966, 캔버스에 아크릴, 205×173cm, 바르셀로나 호안 미로 미술관〉은 미로가 일본을 방문하고 나서 그린 작품이다. 그는 1966년 말에 도쿄와 교토에서 열린 회고전 참석차 일본에 갔고 이 나라의 문화와 예술에 큰 감명을 받았다. 그리고 오래전부터 일본 풍속화에 많은 관심을 가졌고, 일본인들이 물방울이나 조약돌, 한줌의 모래 같은 작은 것들에 반응하는 것을 매우 인상적으로 보았다.

이 작품은 미로가 기호와 상징에 대해 갖고 있던 관심과 회화에 대한 시적인 개념을 잘 보여준다. 그는 '내 생가이 자유를 얻는다는 것은 단순함을 얻는 것이다'라고 했는데, 그 말처럼 단순한 색채와 붓질로 자유로움을 추구한 것도 잘 나타난다.

그림을 보면 날카로운 느낌의 노랑색이 세밀한 붓질로 그린 작

호안 미로, 푼다시오가 있는 전시실
1979, 750×550cm, 바르셀로나 호안 미로 미술관

고 푸른 원을 감싸고 있다. 그런데 미로는 푸른 원 주위를 하얀 빈 공간으로 남겨두면서 후광의 효과를 주는 동시에 원을 더 밝게 만들고 있다. 주위에는 별과 행성, 그리고 필수적인 존재인 남과 여, 음과 양 등을 그려 넣었다. 그림 중앙에는 이들 위로 물결치는 선이 지나가는데 수평선이나 새처럼 보인다. 그리고 이것들 모두는 미로의 우주관을 보여주는 것이다.

　　미술관 한쪽 벽에는 미로의 거대한 태피스트리 작품 〈푼다시오 태피스트리〉가 걸려 있다. 이 미술관을 위해 미로가 특별히 만든 것이다. 길이가 무려 7미터가 넘는 태피스트리는 그 크기와 무게감이 압도적이다.

　　미로는 회화나 조각뿐 아니라 여러 매체를 통해 그 한계를 넘어서는 실험을 계속했다. 그럼으로써 새로운 영역을 창조하려 한 것이다. 도자나 청동, 인쇄 등 다양한 분야의 전문가들과 협업하며 작업을 했는데 이런 텍스타일 작업도 예외는 아니다.

　　이 작품에서 미로는 태피스트리 전문가인 호세 로요와 협업해 중성적인 옅은 갈색 배경에 강렬한 모티프들을 짜 넣었다. 초승달과 산, 별이 보이고 그 아래 개나 고양이를 닮은 형태가 나타난다. 두껍게 짠 직물 위에 자연광이 떨어지면서 만들어내는 키아로스쿠로(명암효과)도 신비하다.

달리
미술관

피게레스는 바르셀로나에서 가까운 스페인 북동쪽에 있는
작은 마을이다. 스페인 출신의 초현실주의 화가 살바도르
달리의 고향이자 현재 그의 미술관이 있는 곳. 미술관
건물은 원래 달리의 친구인 몬테렐라 백작 소유의
극장이었다. 미국에서 살다 고향으로 돌아온 달리는
폭격을 당해 불에 탄 흉물로 방치된 극장을 보고 자신의
전시관으로 쓰겠다고 생각했다. 1961년 달리는 자신의
계획을 발표하고 극장은 원래부터 달리 미술관이 될
운명이었다고 너스레를 떨기도 했다.

피게레스 시장은 고향에 돌아온 세계적인 거장에게 미술관을 위한 작품 기증을 오랫동안 요청했다. 그러자 달리는 작품 기증이 아니라 미술관 전체를 기증하겠다는 통 큰 제안을 했다. 그리고 미술관 기공에 맞추어 대중의 관심을 끌기 위한 이벤트를 만들어 냈다.

달리는 거대한 초현실주의의 오브제로서 연극 무대와 같은 미술관을 꿈꿨다. 그래서 미술관을 방문한 관객들도 연극이나 영화 한 편을 보았다는 느낌을 갖고 떠나기를 원했다. 자신이 영원히 잠들어 있는 곳 위에서.

피게레스에 도착해서 조금 걸으면 갈라·살바도르 달리 광장이 나온다. 작은 광장 너머 그리 크지 않은 건물이 달리 미술관이다. 먼저 눈에 띄는 것은 건물 꼭대기에 있는 조각상들. 마치 아카데미상 시상식 트로피를 닮은 조각들이 지구를 방문한 외계인처럼 낯설기만 하다.

건물 꼭대기에는 'TEATRE MUSEU DALI'라는 미술관 이름이 붙어 있다. 번역하면 '달리 극장 미술관' 정도. 미술관이면 미술관이지, 극장 미술관이라니. 이름만으로 벌써 왠지 딱딱한 미술관이 아니라 한바탕 신나는 쇼라도 벌어질 것 같은 느낌이다. 이곳은 1년에 무려 약 200만 명 정도의 관람객이 다녀간다. 달리 미술관을 보기 위해 전 세계에서 이 외진 시골도시를 찾고 있는 것이다. 구겐하임 미술관을 유치한 스페인의 다른 도시 빌바오와 더불어 피게레스는 가장 성공적인 도시 재생의 예가 되고 있다.

입구를 지나면 먼저 복도가 나온다. 여기에는 주로 달리의 데

달리, 갈라의 배와 검은 우산

생작품이 걸렸다. 복도를 지나 중심부로 들어가면 중앙 마당에 하늘이 뻥 뚫린 작은 공간이 나온다.

마당 중앙에는 호화롭게 장식된 높은 기둥 위에 배 하나가 올라가 있다. 달리가 아내 갈라의 이름을 붙인 〈갈라의 배와 검은 우산〉이다. 이 작품은 초현실주의의 기념물로는 세계에서 가장 큰 것이다. 배 위에는 검은 우산이 접힌 채 달려 있다. 아랫부분은 검은색, 윗부분은 황금색으로 칠해졌다. 그런데 아랫부분에는 거대한 검은색 물방울이 매달려 있다. 물방울들은 마치 배에서 뚝뚝 떨어지는 것 같다.

이 작품 바로 앞에는 가슴이 터질 듯 부풀어 오른 풍만한 여인의 조각상이 검은 캐딜락 보닛 위에 올라가 있다. 언뜻 하나의 작품처럼 보이지만 두 개의 다른 작품이 합쳐진 것이다. 캐딜락 승용차는 〈비 내리는 택시〉라는 제목의 작품으로, 원래 1938년 파리에서 열린 국제 초현실주의 전시 때 달리가 만든 것이다.

차 내부를 보면 젊은 운전수와 늙은 승객 흉상이 앉아 있다. 녹색 식물 줄기가 그들을 감싼다. 그런데 택시 안에는 정말 제목처럼 비가 내리고 있다. 천장에서 물이 떨어지고 있는 것이다. 비를 피해서 들어가는 공간인 차 안에 비가 내리다니.

차 위에 있는 풍만한 여인의 조각상은 오스트리아 예술가 에른스트 푸크스의 〈여왕 에스더〉다. 푸크스는 니키 드 생팔의 유명한 〈나나〉 조각 시리즈의 원형 조각가로 인정받은 작가로 이 작품을 미술관에 기증했다. 인도의 벽화에서 본 듯한 풍만한 여왕의 모습은 미술관 마당을 이국적이고 육감적인 공간으로 만든다.

전시실 중정에 있는
푸크스, 여왕 에스더, 1973

　피게레스 달리 미술관

미술관 내부 쿠폴라

이들 작품 주위로는 높은 벽이 둘러쳐 있다. 벽은 불에 탄 듯한 흔적이 곳곳에 남아 있다. 그을린 건물 골조도 있고 괴수나 비너스 조각들에도 불탄 자국이 보인다. 이는 달리가 원래 이 극장이 미술관이 되기 전에 겪었던 화재 사고의 상처를 보여주기 위해 만든 것이다. 그는 불을 일종의 정화 작용으로도 봤지만 깊은 상처로도 여긴 것이다.

마당을 지나면 거대한 유리 돔이 있는 쿠폴라다. 이 공간은 미술관으로 개조하기 전 극장 스크린이 있던 공간이다. 큰 벽에는 역시 한눈에 잘 들어오지 않는 엄청난 크기의 작품이 걸려 있다. 달리 작품 〈미로Miro〉를 장식 양탄자인 태피스트리로 제작한 것이다. 거대한 태피스트리는 그 앞에서 움직이는 사람들을 작품 속에 있는 사람의 손가락만큼이나 작게 만든다.

멀리서 보면 작품 앞에 선 사람들은 마치 극장 스크린 속에 들어 있는 것처럼 보여 영화를 보는 것 같은 착각마저 들게 한다. 그 양옆으로는 미켈란젤로의 시스티나 성당 〈천지창조〉에 대한 오마주와 링컨 대통령을 그린 것이 있다. 또 〈미로의 비너스〉와 미켈란젤로의 〈모세〉에서 영감을 받은 작품도 보인다. 미술관이 아닌 온갖 스펙터클 쇼가 펼쳐지는 극장에 온 것 같다.

미술관에서 가장 인기 있는 방은 〈메이 웨스트Mae West의 방〉이다. 미국의 여배우 메이 웨스트(1893~1980)를 달리는 꽤나 좋아했던 모양이다. 이 방은 전체가 그녀의 얼굴을 입체적으로 보여주는 방이다. 시각적인 착시현상을 한껏 활용한 것이다. 방의 중심인 낯은 무대에는 입술 모양의 소파가 놓여 있고, 그 위에 코 형상의 벽난로가 있으며, 벽에는 형체를 분간하기 힘든 뿌연 사진이 놓여 있다.

이 설치 작품을 제대로 감상하려면 무대 건너편에 있는 아주 좁은 계단으로 올라가야 한다. 계단은 얼마나 좁은지 한 사람만 겨우 올라갈 정도다. 사람의 머리카락을 닮은 거대한 실타래 앞에 무척 큰 볼록 거울이 놓여 있는데 그 거울을 통해 무대를 보면 놀랍게도 여자의 얼굴이 나타난다. 바로 메이 웨스트의 얼굴이다. 벽에 걸린 사진, 난로, 소파 등이 그대로 눈, 코, 입이 되는 것이다. 파리에서 같은 아이디어로 전시가 열렸을 때는 관객들이 소파에 앉아 사진을 찍기도 했는데 당시 최고의 인기를 누렸던 전시였다.

메이 웨스트의 방 복도에는 〈회고적인 여자의 가슴〉이라는 작품이 있다. 이 작품은 달리가 초현실주의 운동에서 오브제의 발전에 얼마나 큰 기여를 했는지 새삼 확인하게 한다. 작품 속 모델은 언뜻 인디언 여자를 방불케 한다. 그녀는 목에 옥수수대를 걸고, 머리에는 바게트 빵을 불안하게 이고 있다. 그 위에는 유명한 밀레의 〈만종〉에 나오는 농부 부부의 모습이 보인다. 전혀 어울리지 않을 것 같은 물건들이 모여서 초현실적인 효과를 불러 일으킨다.

아래쪽 유리상자에는 흰 손이 검은 장갑을 감싸고 있다. 이 작품은 1933년 파리 피에르 콜 갤러리에서 열린 초현실주의 전시에 소개된 것을 약 40년이 지나 다시 만든 것이다. 달리는 원래의 작품에서 나중에 옥수수대, 개미, 바게트 빵, 개미 등 여러 요소들을 추가했다.

메이 웨스트의 방

달리, 회고적인 여자의 가슴, 1974

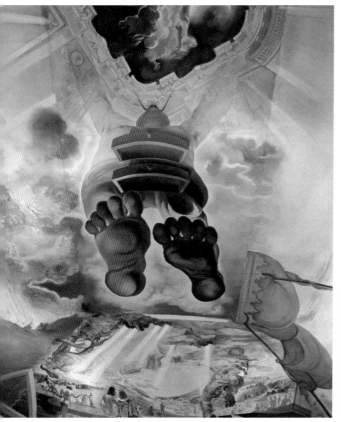

바람의 궁전 천장

〈기억의 지속〉 태피스트리가 걸린 달리의 침실

위층으로 올라가면 〈바람의 궁전〉이 나온다. 천장에는 〈바람의 궁전〉이란 이름이 유래된 거대한 그림이 걸려 있다. 커다란 발 두 개가 하늘에서 내려온다. 발 위에는 층층이 열린 서랍들이 그려 있고 그 위에 달리의 얼굴 같은 형상이 나타난다. 옆에는 십자가에 달린 예수의 형상이 보이고 가장 높은 곳에는 천상의 세계가 그려졌다. 하늘의 극적인 효과와는 달리 아래 지상은 회색이다. 왼쪽 끝, 교황의 형체 앞에는 말을 타거나 걷는 수많은 군중이 늘어섰고 이들은 빛을 따라간다.

그 옆 작은 방은 달리 침실이다. 괴짜 노화가의 침실은 어떤 모습일지 다분히 호기심을 자극한다. 일단 방에 들어가면 큰 태피스트리가 눈에 띈다. 시계가 늘어진 달리의 〈기억의 지속〉 그림이 수놓아졌다. 그리고 그 아래에는 침실에는 도무지 어울리지 않는 황금빛 해골과 옷장, 침대 등이 놓여 있다. 침대 틀에는 큰 물고기가 몸을 틀고 있어서 침대를 바다 속으로 끌고 들어갈 것 같다.

건너편에는 〈영원한 여성〉에게 바치는 방이 있다. 여기에는 조금 민망할 정도의 노골적인 누드조각과 함께 그가 사랑한 부인인 갈라를 그린 그림 등이 있다. 〈갈라의 초상〉에서 갈라는 한쪽 가슴을 드러내고 있다. 달리가 부인이자 연인, 어머니 같은 존재로 크게 의지했던 여자. 그에게 끝없는 영감을 제공한 뮤즈 같은 여성이다. 그러나 2017년 달리의 친딸이라 주장하는 여성이 니타나 달리의 관이 DNA 검사를 위해 열리는 일이 벌어지기도 했다. 결과는 친딸이 아니라는 것. 달리의 영면까지 방해하면서 일어난 어처구니없는 사건이었다. 어찌 보면 이 사건 역시 달리가 만든 한바탕 해프닝인지도 모른다.

스페인 북쪽에 있는 빌바오는 우리에겐 다소 생소한 바스크 지방에 있는 도시. 예전에는 무역항으로 유명했고 한때 바스크 민족주의자들의 분리운동으로도 명성을 날렸다. 그러나 현재는 카탈루냐 지방의 분리 운동이 더 대두되어 상대적으로 주춤한 상태다. 스페인 미술관 여행에서 빌바오를 가야 하는 이유는 그곳에 구겐하임 미술관이 있기 때문이다. 뉴욕의 솔로몬 구겐하임 미술관과 베네치아의 페기 구겐하임 미술관과 더불어 구겐하임의 3대 미술관인 빌바오 구겐하임은 먼저 건물 외양부터 예술적이다. 물고기 모양에서 영감을 받았다는 건축가 프랭크 게리는 해체주의적인 건축양식을 맘껏 발휘해서 가히 최고의 미술관 건물을 만들어냈다. 그래서 건축가들에게도 명소로 손꼽히는 곳이다.

빌바오에 구겐하임 미술관이 문을 연 것은 1997년. 그러나 빌바오에 미술관을 건립하겠다는 아이디어가 나온 것은 그보다 훨씬 전인 1980년대 말이다. 철강과 조선업으로 호황기를 누렸던 빌바오는 조선업 등이 쇠락하면서 많은 공장들이 문을 닫게 됐다. 빌바오 시에서는 도시 재생 정책을 고민하면서 도시 경제 구조를 다양화하고 새로운 활력소를 불어넣고자 했다.

마침 이때 뉴욕의 솔로몬 구겐하임 미술관 측은 새로운 분관을 만들 계획을 짜고 있었다. 기존의 뉴욕과 베네치아의 미술관 건물만으로 소장품들을 보여주기에는 장소가 협소했던 것이다. 처음에는 오스트리아 잘츠부르크가 유력하게 떠올랐으나 협상이 결렬, 마드리드의 레이나 소피아 미술관에서 구겐하임의 컬렉션 전시를 기획한 큐레이터 카르멘 히메네즈의 중개로 빌바오에 미술관 유치가 결정되었다. 그 결과 현재 인구 약 35만의 작은 도시 빌바오는 미술관 관람객으로만 한 해 약 100만 명을 유치하는 놀라운 성공을 만들어 냈다. 이 성공 사례는 '빌바오 효과'라는 신조어를 만들어 내기까지 했다.

미술관 컬렉션은 20세기 후반부터 현대 작품에 이르기까지 크게 세 부분으로 나뉘어 있다. 먼저 20세기 후반 주요 작가들의 작품으로 안셀름 키퍼, 앤디 워홀, 마크 로스코 등의 작품이 있다. 두 번째는 제프 쿤스(1955~), 제니 홀저(1950~), 리처드 세라(1939~) 등이 등장하고, 마지막으로 동시대 스페인과 바스크 지방 작가들의 작품이 전시되고 있다.

빌바오 구겐하임 미술관

제프 쿤스의 꽃강아지 〈퍼피〉가 있는 도시 풍경

미술관은 주변 환경과도 참 잘 어울린다. 아래 네르비온 강과 위쪽 살베 다리, 주변 도시와 조화롭다. 물로기가 춤을 추는 듯 하늘로 올라가는 거대한 외벽은 약 3만여 장의 티타늄 패널로 덮여 있다. 따라서 보는 방향과 시간, 빛의 상태에 따라 변화무쌍하게 변한다. 그 자체가 캔버스나 스크린이 되는 것 같다. 미술관 건물을 보는 것만으로도 벌써 만족할 정도다. 실제 미술관 건물을 주요 관람 포인트로 하고 오는 여행자들도 많다.

미술관 외부에서 눈길을 끄는 것은 건물만이 아니다. 우선 미술관 앞에 있는 거대한 꽃강아지는 단연 시선을 끌기에 충분하다. 녹색과 붉은색, 오렌지색 등 여러 색깔이 뒤섞인 이 강아지는 키치 아트의 제왕 제프 쿤스의 〈퍼피〉다. 약 2만 개의 화분을 12미터 높이로 쌓아 올린 거대한 꽃 조각이다. 고급기술인 원예의 극치를 대중적이고 조악한 이미지의 강아지와 결합시킨 작품이다. 언뜻 친근하고 사랑스럽지만 한편으로는 괴기스러운 제프 쿤스의 특성이 여지 없이 발휘된 것이다. 이 작품은 제프 쿤스가 포르노 스타 치치올리나와 노골적인 성애로 가득한 〈메이드 인 헤븐〉 시리즈를 만들었다 엄청난 혹평을 받은 후 만든 것으로 그를 다시 미술계에 자리를 확실히 굳히게 하는 역할을 했다.

미술관을 지키거나 혹은 방문객을 환영하듯 앉아 있는 〈피피〉는 형형색색의 모습으로 금속성의 다소 차가운 느낌의 미술관에 온기를 더해주는 역할을 하고 있다. 아마 빌바오 구겐하임 미술관에서 가장 사랑받는 작품일 것이다.

제프 쿤스의 〈튤립〉이 있는 미술관 외부

제프 쿤스는 미디어의 포화상태가 가져온 재현의 위기 시대에 광고와 마케팅, 레저 산업에서 쓰이는 시각적인 언어를 이용해서 대중과 소통하는 전략을 취한다. 그는 꽃이 핀 식물이 뒤덮은 거대한 테리어종의 강아지 〈퍼피〉에 원예기술이라는 고상하고 고급스런 취향과 장식 도자기, 그림엽서 같은 대중적인 취향을 하나로 연결시켰다.

이와 비슷한 아이디어는 미술관의 아트리움 외부에 설치된 작품 〈튤립〉에서도 찾아볼 수 있다. 매끈한 스테인레스 스틸 재질로 만들어진 튤립 7개를 모아놓은 높이 5m의 이 작품은 밝은 원색의 색채로 눈이 부실 정도의 광택을 뿜어낸다. 작품은 장난기도 가득해 엘리스의 이상한 나라에서 바로 튀어나온 것 같다.

〈튤립〉은 쿤스가 일상의 진부한 것을 매력적인 예술의 오브제로 바꾸어버리는 데 얼마나 특별한 재능을 가지고 있는지 잘 보여준다. 그는 소비문화 안에서 예술의 기능에 대해 의문을 제기한다. 쿤스는 초기작업부터 꾸준히 신랄하고 비판적인 감각으로 아이러니와 진지함을 작품에 같이 담고 있는 것이다.

빌바오 구겐하임 미술관은 외관 자체가 워낙 뛰어난 건물이라 안으로 들어가기 전에 주변을 돌며 감상할 게 많다. 거기다 미술관 외부에 뛰어난 걸작들이 눈길을 사로잡고 있어 쉽게 안으로 들어가지 못한다. 작품 〈튤립〉을 지나면 거대한 거미 한 마리를 만나게 된다.

루이즈 부르주아, 마망
1999, 청동, 스테인레스 스틸, 대리석,
8.95×9.8×11.6m, 빌바오 구겐하임 미술관

    루이즈 부르주아의 대표작 중 하나인 〈마망〉이다. 무시무시한 외계 생물처럼 생긴 커다란 거미가 길쭉한 다리를 땅에 박고 있다. 머리 아래에 있는 거미 뱃속에는 작품 제목인 〈마망(엄마)〉에 걸맞게 알을 품고 있다.

    루이즈 부르주아는 약 60여 년간 작품 활동을 하는 동안 분노와 향수를 작품 속에 녹여 냈다. 무엇보다 작가 자신의 개인적 체험을 표현하고 있지만 사실 그것은 인간이라면 누구나 공감할 수 있는 보편적인 인간 모습을 표현하고 있는 것이다.

    이 작품에서 작가는 어머니 기억과 감정을 표현한다. 그녀의 어머니는 대대로 태피스트리 작업을 하는 집안의 여자였다. 거미가 거미줄을 짜는 모습은 실을 짜서 직물을 만드는 것을 연상케 한다. 거미는 곧 루이즈 부르주아의 어머니인 것이다.

루이즈 부르주아가 어머니에 대한 경의의 표시로 만든 〈마망 Maman〉은 여러 개 제작되어 이곳 빌바오뿐 아니라 한때는 런던 테이트 모던 미술관이나 한국의 리움 미술관에도 전시됐었다. 물론 현재도 여러 다른 미술관에서 전시되고 있다.

〈마망〉은 모성에 대한 복잡한 시선을 드러내는 작품이다. 거미는 실을 뽑아 알집을 만드는 어미이기도 하지만, 한편으로는 거미줄을 만들어서 먹이를 잡는 포식자이기도 하다. 그리고 흉측하게 생긴 거대한 다리는 요람뿐 아니라 피난처 역할도 해 배 밑에 위태롭게 달린 알집을 보호하기도 한다.

루이즈 부르주아의 어머니는 남편이 어린 딸의 가정교사와 불륜을 저지르는 것을 알고도 모른 척했다. 그저 묵묵히 직물을 짜고, 아이들을 돌보고, 집안일을 했다. 어린 소녀 루이즈 부르주아에게 아버지의 불륜은 분명 커다란 충격이었을 것이다. 그리고 어머니의 모습도 많은 생각을 갖게 했을 것이다. 그녀는 부도덕한 아버지에게는 미움을, 이를 인내하는 어머니에게는 연민의 감정을 가졌다. 〈마망〉은 이 복잡한 감정을 잘 보여준다.

이제 비로소 미술관 안으로 들어간다. 미술관 안으로 들어가면 웅장한 로비에 그만 압도당하고 만다. 단연 눈에 뜨이는 것은 하늘로 힘차게 올라가는 아트리움. 총 3개 층, 19개 전시실로 나누어진 미술관에서 아트리움은 허브 역할을 한다. 여기에는 약 50m가 넘는 높이에 장대한 곡선의 백색 기둥과 유리, 철로만 만든 구조물이 설치 작품처럼 서 있다. 그 자체가 작품인 셈이다.

그 옆 큰 전시실에는 긴 띠 모양의 전광판에서 색색의 단어들이 쏟아져 내려온다. 바로 미국의 개념미술 작가 제니 홀저의 설치 작품이다. 상업광고 간판에서 주로 쓰이는 LED 전광판을 이용한 제니 홀저는 상업적인 매체를 이용, 관객을 불안하게 하고 혼란스럽게 만드는 문구를 만든다. 우리가 사물을 보는 방식에 의문을 제기하는 것이다. 빌바오 구겐하임은 그나마 충격이 덜하지만 시각적인 효과는 더 크다. 보통의 LED 전광판은 옆으로 흐르는 것이 보통이지만 이 작품은 위에서 아래로 폭포수처럼 흘러내린다. 그 사이를 관객이 걸어 다닐 수도 있다.

작품은 아주 긴 띠들이 약 1m 간격을 두고 천장에서부터 내려온다. 앞쪽에서 보면 영어로 흘러내리고 뒤에서 보면 이 지방의 언어인 바스크어가 흘러내린다. 앞에서는 보이지 않는 이 바스크어는 바스크 지방과 외부 세계의 관계를 의미한다. 이 글씨들을 벽과 천장에도 새겨져 있다.

미술관의 광활한 공간 중 한 곳에는 포스트 미니멀리즘 조각의 대표작가 중 한 명인 리처드 세라의 작품들이 놓여 있다. 미술관을 설계한 건축가 프랭크 게리의 친한 친구이기도 한 리처드 세라는

미술관 로비

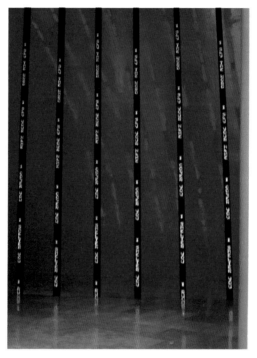

제니 홀저의 설치 작품이 놓인 박물관 로비

리처드 세라, 뱀
1997, 내후성 강재, 4×17.2×9.04m, 빌바오 구겐하임 미술관

드넓은 공간에 강철로 만든 거대한 작품들을 채웠다. 작품은 갈색. 위층에 올라가서 아래를 내려다보면 갈색으로 만들어진 거대한 작품들이 마치 갈색 숲이 펼쳐진 것 같은 느낌을 준다.

그가 처음 설치한 것은 전시실 중앙에 있는 〈뱀〉이다. 마치 뱀이 기어가듯 구불구불하다. 총 무게가 180톤에 달하는 어마어마한 무게의 작품은 앞을 가로막은 거대한 벽처럼 보이지만, 한편으로는 관객을 인도하는 통로 역할도 한다.

이후 설치한 작품은 〈시간의 문제〉. 총 8개의 조각을 합쳐서 하나의 작품으로 만든 것으로 이 방에서 가장 크다. 위에서 보면 크게 세 부분으로 나뉘어진다. 그중에서 가장 큰 부분의 안으로 들어가면 자칫 끝이 나오지 않을 것 같은 불안감에 싸이기도 한다. 외부와 분리된 공간, 세계와 떨어진 낯선 공간에 들어선 듯한 기분이 드는 것이다. 그 외 〈뒤집혀진 사각지대〉등도 전시돼 있어서 육중하면서 신비한 체험을 선사하는 세라의 작품을 한곳에서 감상하기에 최적의 곳이다.

다음으로 보는 작품은 현존하는 최고 작가 중 한 명으로 꼽히는 독일 출신 안셀름 키퍼(1945~)의 〈유명한 밤의 질서〉. 이 작품은 5m가 넘는 정방형의 회화작품으로 그의 작업 스타일이 잘 드러난다.

2차 세계 대전 종전 직전 독일에서 태어난 키퍼는 전쟁의 잔해와 함께 성장하면서 분단된 국가를 재건하려는 노력과 시도들을 목

격했다. 그가 자신의 작업에서 주로 보여주는 것은 독일 신화와 역사의 관계, 그리고 이것들이 파시즘의 생성에 어떤 영향을 미쳤는지 탐구하는 것이다.

그는 이 주제들을 다루면서 전통적인 미학의 터부를 부수고 무의식적인 잠재 이미지를 가져왔다. 작품 속에는 독일 낭만주의 전통과 독일 정치 유산에 대한 인용으로 가득하다. 그는 거의 회색과 갈색으로만 이루어진 모노크롬 회화에 납과 지푸라기, 회 반죽, 씨앗, 먼지, 흙 등의 온갖 다양한 재료를 표면 위에 붙여 거대한 양감을 준다.

다음은 미국 작가 마크 로스코의 색면 회화 작품이다. 마크 로스코의 〈무제〉는 추상 표현주의 회화의 대표작가인 로스코의 트레이드 마크라 할 수 있는 가로로 쌓은 색면을 보여준다.

로스코는 작품에서 넓은 면의 색채를 통해 보편적인 인간의 열망을 표현한다. 어떤 비평가들이 그를 두고 신비주의자로 부르는 방식이다. 이 작품은 그의 가장 큰 작품 중 하나다. 그가 작품의 구성을 다양한 비례의 세 개의 수평 색면으로만 제한해서 그리던 시절의 그림이다. 작품 속 두터운 색면은 비물질적인 느낌을 만들어낸다.

로스코는 표면을 보송보송한 솜털이 덮인 것처럼 처리해서 모호하면서 한편으로는 산란하는 빛처럼 보이게 만들어낸다. 그림 속 사각형은 캔버스 위에 떠 있는 것처럼 보인다. 그리고 연한 색의 층을 겹쳐 칠해서 그 아래층의 색이 비쳐보이게 만든다. 이것은 마치 배경으로부터 숨겨진 빛의 근원이 나타나도록 하는 신비한 효과를 만든다.

미술관에는 마침 루이즈 부르주아와 앤디 워홀의 특별전이 열리고 있는 중이었다. 여러 개의 전시실에 나눠 전시된 〈루이즈 부르주아, 존재의 구조 : The Cells〉는 그녀의 가장 창의적이고 도전적인 조각 작품 중 하나로 그녀는 작가가 거의 20여 년 동안 이 작품에 매달렸다. 그런 만큼 이 전시는 지금까지의 어떤 전시보다 가장 많은 수의 작품을 선보였다. 루이즈 부르주아의 세계를 집중적으로 살펴보기에 최적의 전시였다.

루이즈 부르주아는 1940년대부터 2010년까지 약 70년 동안 작품 활동을 했다. 다양한 형태와 매체, 크기로 자신만의 독특한 세계를 펼친 그녀는 1940년대에는 환경친화적인 설치 작업으로, 1970년대와 1980년대에는 연극과 퍼포먼스적인 요소가 강한 조각 작품을 제작했는가 하면, 심리학과 페미니즘의 요소를 가미하며 작품의 폭을 넓혀왔다.

〈The Cells〉는 작은 우주다. 각 전시실에는 여러 작품들이 설치되어 있다. 거의 연극 무대처럼 꾸며진 곳에는 옷이나 천, 가구 같은 일상의 오브제와 작가의 조각 작품들이 놓여 있다. 작가의 기어과 내면세계가 하나씩 펼쳐지는 것이다.

특별전으로 열리고 있는 앤디 워홀의 〈그림자〉 전시는 102개의 캔버스가 연결된 대작이다.

루이즈 부르주아 특별전 전시장

앤디 워홀, 그림자 전시장
1979, 캔버스에 아크릴, 각 193×132cm, 가변 설치,
빌바오 구겐하임 미술관

실크 스크린 기법으로 제작된 이 작품들은 전시장 크기에 따라 거기에 맞는 수의 캔버스를 걸어 놓았다. 각각의 작품들은 워홀의 경쾌하게 과장된 밝은 색조가 주조를 이룬다. 전체적으로 약 7~8개의 다른 그림들이 다양하게 배치되어 나타나는데 검은 부분의 그림자와 밝은 부분의 빛에서 미묘한 변화를 느낄 수 있다.

그림을 보며 전시장 벽을 쭉 걸어가면 밝은 부분과 어두운 부분이 자리를 바꾸며 나타난다. 〈그림자〉 각 부분은 단순한 복제품이 아닌 각각 독립적인 자기만의 메시지를 갖고 있다. 이것들은 작품의 주제라 할 수 있는 빛을 바라보는 관객의 시선을 인도한다. 여기에서 빛, 다른 말로 색채의 불꽃을 만들어내기 위해 그림자에 초점을 맞추는 방식은 워홀이 예술의 근본적 과제 중 하나인 인식의 문제로 눈길을 돌린 것을 의미한다. 다양한 현대 미술의 걸작들을 품고 있고, 건물부터 예술작품인 빌바오 구겐하임 미술관을 떠나 남쪽 태양의 나라 안달루시아로 간다.

스페인 미술 여행을 할 때 중심이 되는 곳은 아무래도 수도 마드리드와 북부의 바르셀로나, 빌바오 등이다. 그러나 조금 범위를 넓혀 스페인 고유의 문화와 예술을 감상하는 여행을 하는 것도 큰 의미가 있다. 특히 스페인 작가들의 작품을 제대로 감상하려면 그들의 작품 속에 녹아 있는 스페인의 문화를 이해하고 나면 감상이 훨씬 쉬워진다.

스페인은 자기들만의 색깔 있는 예술 세계를 만들어 왔는데 이것은 무엇보다 중세 약 700여 년 동안 이슬람 세력의 지배를 받은 것이 큰 요인이다. 다른 유럽 국가들이 중세 기독교와 봉건제의 침체된 문화 속에 살아갈 때 스페인은 당시 유럽을 뛰어넘는 이슬람 문화 덕택에 유럽에서 가장 앞선 수준의 문화를 꽃피웠다. 그 뛰어난 문화가 잘 남아 있는 곳이 남부 안달루시아 지방이다.

안달루시아는 지명부터 이슬람의 '알 안달루스'에서 온 것으로 원래는 스페인뿐 아니라 포르투갈까지 합하는 이베리아 반도 전체를 가리키는 지명이었다. 안달루시아는 유럽에서 프랑스 프로방스와 이탈리아 토스카나와 더불어 가장 사랑받는 지방 중 하나이기도 하다. 안달루시아 중심 도시는 그라나다와 세비야다.

먼저 그라나다로 가 본다. 이 도시는 그라나다를 약 4세기 동안 지배한 이슬람 나스르 왕조의 중심 도시다. 1492년 수도 그라나다가 함락되면서 스페인 이슬람 세력은 완전히 힘을 잃게 된다. 알함브라 궁전 건너편 알바이신 언덕에 가면 전망대에서 알함브라를 볼 수 있다. 그라나다는 뒤편의 시에라 네바다 산맥을 천혜의 방패로 삼았지만 결국 북부 카톨릭 국가에 허망하게 무너져버렸고 알함브라는 왕국의 번영과 멸망을 고스란히 간직하게 되었다.

알함브라 입구에는 이른 시간인데도 줄을 선 사람들이 꽤 있다. 입구에 큰 글씨로 '라 알함브라'라고 쓰여진 영어와 아랍어 글자가 보인다. 알함브라는 붉은 궁전이라는 뜻. 입간판 옆에는 세계적인 비디오 아티스트 빌 비올라의 특별전 전시를 알리는 포스터도 붙어 있다. 이 오래된 유적에서 첨단을 걷는 아티스트의 작품을 본다는 것은 상상도 하지 못했는데, 가슴이 설렌다. 전시는 입구에서 가까운 카를로스 5세 궁전에서 열린다.

궁전은 이슬람 궁전과는 다소 어울리지 않는 르네상스 양식의 서양 건축물이다. 그라나다 함락 후 16세기 초에 지어졌기 때문이기도 하지만 스페인을 접수한 기독교 세력이 이슬람 흔적을 지우

려는 노력을 했기 때문이기도 하다. 카를로스 5세는 16세기 초 유럽 최고 권력자였던 신성로마제국 황제. 그는 오스트리아, 독일, 네덜란드와 벨기에의 플랑드르뿐 아니라 스페인을 다스렸다. 카를로스 5세 궁전은 그와 포르투갈 왕녀 이사벨의 결혼을 기념하기 위해 만든 것이다. 그런데 황제는 궁을 지어넣고는 여기에 산 적도 없다.

건물 안으로 들어가면 밖에서 보는 것과 달리 내부는 원형이다. 그리고 빌 비올라의 특별 전시는 2층에서 열리고 있었다. 먼저 눈에 띄는 것은 그의 초기 작품 중 하나로 대중에게 이름을 알린 〈빌 비올라, 인사〉이다. 세 명의 여자가 거리에서 만나 인사를 나누는 장면을 담은 이 작품은 빌 비올라 특유의 느림의 미학이 잘 드러나 있다.

화면을 보다 보니 어디선가 본 듯한 느낌이 들었다. 16세기 이탈리아 화가 폰토르모의 작품과 거의 비슷하다. 폰토르모의 〈방문〉은 임신한 마리아가 사촌 엘리자베스를 찾아가는 모습을 그린 것이다. 큰 차이점이라면 빌 비올라 작품에서는 세 명의 여성이 등장하는 데 반해 폰토르모 작품에는 마리아와 엘리자베스를 비롯해 총 4명의 여성이 등장한다는 점이다.

일체의 소리가 제거된 극도의 느린 비디오 작품 속 인물들의 움직임은 관객의 감정을 고양시킨다. 평범한 옷

(그라나다) 폰토르모, 방문, 1528
1528, 나무에 유채, 202×156cm,
이탈리아 프라토 카미나노 교회

차림의 여자들이 만나 인사를 나누는 사소한 동작일 뿐인데 그것을 한참 보고 있으면 신성한 체험을 한 듯한 느낌이 들었다. 영적인 초월을 지향하는 세계가 어떤 것인지 알 수 있었다.

비슷한 작품으로 〈빌 비올라, 4개의 손, 2001. 다채널 비디오〉도 옆에 있다. 4개의 흑백화면에서 4쌍의 손이 역시 극도의 느린 동작으로 서로의 손을 잡거나 손바닥을 맞대거나, 깍지를 끼고 희롱하거나 주먹을 갖다댔다. 단지 손의 동작만으로도 다양한 감정을 불러일으켰다.

카를로스 5세 궁전을 떠나 코마레스 궁전으로 간다. 가는 길에 매혹적인 정원이 발목을 잡는다. 이른 아침 푸름스름한 기운 속에 잘 가꿔진 커다란 나무들이 눈을 사로잡는다. 두 그루 혹은 여러 그루의 나무들이 서로 만나 몸을 섞고 있는데 마치 조각작품을 보는 듯하다. 그 아래 작은 나무에는 오렌지가 주렁주렁 열렸고, 그 아래 화단에는 꽃들이 아름답게 피었다. 화단 사이 공간은 분수와 수로로 이어진다.

분수에서 떨어지는 물소리는 기타 연주법 중 하나인 트레몰로 같다. 이 물소리를 듣고 그 유명한 '알함브라 궁전의 추억'을 만들었다는 스페인 작곡가 타레가의 말은 절대 거짓이 아니다. 물방울이 하나 떨어질 때마다 기타 줄이 한 번 튕겨진다. 그 소리들이 이어져 놀라운 멜로디가 만들어진다.

이 정원을 지나 안으로 더 들어가면 코마레스 궁전이 나온다. 안에는 어전회의를 열던 방, 이슬람의 일곱 단계 천국을 의미하는

대사의 방, 그리고 궁전 중앙에 알함브라의 대표적인 정원 히네랄리페 정원이 나타난다. 왕이 왕비나 후궁과 사랑의 밀어를 나누던 곳이다.

정원은 대칭의 기하학적인 미가 돋보이지만 그 안에서 자연적인 소박함이 살아난다. 입구의 큰 분수가 물을 뿜고, 그 물은 긴 수로를 따라 흐르며, 수로 옆으로는 작은 분수들이 이어진다. 수로를 따라 길게 심긴 허브 식물인 아라야네스가 은은한 향기를 품긴다. 그 옆 건물들은 질박하기 그지없다. 창문이 작은 기와 건물들 앞으로 물줄기가 떨어지는 장면을 보다 보면 쉽게 자리를 떠나기 힘들다.

조금 더 안으로 들어가면 하얗게 말라 죽은 나무 하나가 서 있다. 옛날 후궁과 근위병이 이곳에서 사랑을 나누다 발각되었는데 분노한 왕이 병사의 목을 베어 이 나무에 걸고, 그것도 모자라 나무의 뿌리를 잘라 그대로 고사시켜 본보기로 삼았다는 나무다. 무서운 사연의 나무 옆 벽에 글씨가 새겨져 있는데 아라비아 글씨여서 알아볼 수 없으나 이들의 사랑 이야기라고 한다.

나무 뒤로 작은 두 개의 사자상이 서 있는 문을 들어서면 사자의 궁전이 나온다. 이 안에 알함브라의 대표적인 방이라 할 수 있는 아벤세라헤스의 방이 있다. 천장에는 거대한 팔각형의 별이 떠 있는데 회반죽으로 돌처럼 장식한 스투코 양식의 거대한 장식이 햇빛을 받아 그대로 빛나는 모습이 장관이다.

이 별은 수학자 피타고라스의 정리를 나타낸 것으로 과학과 문화가 발달한 당시 나스르 문화의 수준을 잘 보여준다. 이 방에서 그

나나다 왕국 최후의 왕이었던 보압딜이 연회에서 측근들을 살해했고 바닥에는 여전히 핏자국이 남아 있다는 전설 같은 이야기도 전해 내려온다.

이 방 옆에 왕의 방이 있다. 역시 멋진 아치와 천장 장식이 눈에 들어온다. 특이한 것은 여기에 사람의 형상들이 있다는 것이다. 10명의 왕을 모티브로 해서 왕의 방으로 불리는 이 방은 인간의 형상을 그리거나 장식하는 것을 금한 이슬람 예술에서는 꽤 드문 경우다.

사자의 궁전은 다른 궁전과 달리 기독교 건축양식을 많이 사용했다. 그 이유는 당시 왕이었던 무하마드 5세가 스페인 기독교 왕조들과 우호적인 관계를 맺고 있었기 때문이다. 이 건물을 지은 사람들은 이탈리아에서 온 기독교 장인들이었다. 그라나다 사람들은 나름대로 금기의 계율을 지키느라고 이교도를 불러들여서 사람의 형상으로 장식을 한 것이다. 그들의 개방적인 정신이 드러나는 부분이기도 하다.

왕의 방을 나서면 사자의 정원이 나온다. 중앙에는 12마리의 사자가 분수대를 받치고 앉아 있다. 그 주위에는 약 120여 개의 대리석 기둥이 빽빽하다. 기둥들은 그라나다 특유의 나스르 양식으로 장식되어 있는데 세련됨이 일품이다.

정원 안에서 기둥 장식들을 보다 보면 마치 동굴 안에 들어선 느낌이다. 철학자 아리스토텔레스의 동굴 비유같이 이 정원을 나서는 순간 진리와 빛의 세계에 도달할 것만 같다.

⏶ 사자의 정원 스터크 장식
⏶ 아벤세라 헤드 방 천장 장식

여기에서 알함브라 안으로 더 들어가면 사방이 확 트인 정원이 나온다. 이전의 것들이 모두 건물에 둘러싸인 반면 이곳은 정자 아래 큰 연못이 있고 주변이 뚫려 있어 호쾌하고 시원하다. 정원이 있는 곳이 바로 파르탈 궁전이다. 이 궁전은 알함브라에서 가장 오래된 궁이지만 지금은 정자와 그 위의 탑만 남아 있을 뿐이다.

이제 궁전 알카사바Alcazaba로 간다. 거대한 성채인 알카사바는 알함브라 가장 안쪽에 있다. 포도주의 문을 지나면 나타나는 알카사바는 알함브라에서는 가장 오래된 건축물이다. 성은 거대하고 견고하다. 총 24개의 탑은 그라나다를 철통같이 방비했음을 알 수 있다. 적군이 시내를 점령하면 성에 들어와 전투를 벌였을 곳. 성벽 안에는 작은 사각형으로 구획된 발굴현장이 그대로 펼쳐진다.

성안에서 가장 볼 만한 곳은 벨라탑torre de la Vela이다. 알카사바는 바위 위에 세워져 이미 높은데, 그 위에 탑이 또 세워졌다. 특히 가장 높은 벨라 탑은 높이가 무려 30m에 달한다. 성벽 위에서 탑들을 보면 시내의 건물들 쪽으로 몸을 내밀고 있는 모습이 한 척의 배처럼 보이기도 한다. 문득 이 영광의 도시를 점령하려 몰려들던 가톨릭의 군대의 모습을 떠올려본다.

알함브라에서 나오면 옆에 서민적인 동네가 나온다. 바로 알바이신(Albacin, 자칫 알바의 신으로 착각하는 사람도 있다)이다. 그라나다는 알함브라와 알바이신이 합쳐졌을 때 완벽한 도시가 된다. 이

곳은 열정과 예술의 향기가 가득한 매혹의 공간이다.

알바이신에는 약 30개의 모스크가 남아 있고, 곳곳에 무어풍 장식이 아름다운 빌라와 정원들이 복잡한 골목을 따라 나 있다. 안달루시아에서 무어 문화가 가장 잘 남아 있는 곳 중 하나다. 무어인들이 떠난 후 예술가들과 지식인들이 여기에 둥지를 틀었는데 그래서 그런지 알바이신 전체 분위기는 자유로운 히피 공동체 느낌이다.

알함브라에서 알바이신으로 가는 길에는 꽤 큰 광장이 있다. 산타 안나 교회가 굽어보는, 산타 안나 광장이다. 오른쪽으로는 물이 흐르고, 그 옆에는 오래된 건물들이 들어서 있다. 저 너머 알함브라의 탑과 건물들이 눈에 들어온다. 광장에는 여기가 알바이신 입구라는 것을 알리기라도 하듯 음악소리가 드높다. 여기서부터 자유의 공기를 맡을 수 있다.

언덕 위로 조금 올라가다 보니 요란한 북소리와 환호가 들려온다. 축제라도 여는 듯 분위기가 흥겹다. 북을 치고 리듬에 맞추어 몸을 흔들어 대고. 5월의 따가운 햇볕도 전혀 아랑곳하지 않고 춤을 춘다. 그들 발밑의 진한 황토색 흙만큼이나 화끈하다.

그들을 보던 나는 오히려 더위를 참지 못하고 카페로 들어갔다. 더운 바람을 날리는 선풍기가 돌아가는 카페 벽에는 플라멩고 공연 장면과 이름을 알 수 없는 여러 예술가들의 사진이 걸려 있다. 카운터 위에는 스페인 햄 하몽이 주렁주렁 걸려 있고 주인과 웨이트리스는 활달하기 그지없다.

중세의 오래된 분위기가 나는 알바이신 골목은 꽤 서민적이다.

알바이신에서 바로 보이는 알함브라. 특히 알바이신 언덕 산 니콜
라스 전망대에 가면 알함브라와 그 뒤의 시에라 네바다 산맥이 한
눈에 들어온다.

　이 언덕의 골목에 옹기종기 모여 살았던 사람들에게 저 궁전
은 어떤 곳이었을까? 지극히 높고 고귀한 지배자와 천하절색의 미
녀들이 살고 방에는 황금 기둥, 감미로운 젖과 꿀이 흐르는 정원이
있는 곳. 보통 사람들에게 그곳은 아마 이룰 수 없는 꿈, 천국 같은
곳은 아니었을까?

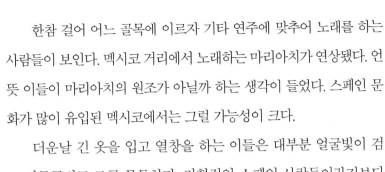

한참 걸어 어느 골목에 이르자 기타 연주에 맞추어 노래를 하는 사람들이 보인다. 멕시코 거리에서 노래하는 마리아치가 연상됐다. 언뜻 이들이 마리아치의 원조가 아닐까 하는 생각이 들었다. 스페인 문화가 많이 유입된 멕시코에서는 그럴 가능성이 크다.

더운날 긴 옷을 입고 열창을 하는 이들은 대부분 얼굴빛이 검고 이목구비도 조금 뭉툭하다. 전형적인 스페인 사람들이라기보다는 무어인의 후손같이 보인다. 이 땅의 지배자였던 그들의 조상은 이미 600여 년 전에 이 땅을 떠났지만, 안달루시아에 뿌리를 내린 자손들은 여전히 이곳에서 노래하고 춤추며 살고 있다. 아직 봄이지만 그라나다의 열기는 한여름처럼 뜨겁기만 하다.

안달루시아

세비야
기행

안달루시아에서 그라나다와 함께 가장 많이 알려진 도시
세비야. 로시니의 오페라 <세비야의 이발사>에서부터
모차르트의 <피가로의 결혼>과 <돈 주앙>, 베토벤의
<피델리오>, 거기다 가장 사랑받는 오페라 중 하나인 비제의
<카르멘>까지 오페라의 도시로도 유명하다. 스페인의 문화를
제대로 감상하려면 남쪽까지 꼭 내려가 볼 것을 권한다.
세비야와 그라나다, 코르도바 같은 큰 도시뿐 아니라 론다
같은 작은 도시도 매력적이기 때문이다. 이곳에서는 이
지역을 지배한 이슬람 문화인 무어 양식과 이슬람 문화와
기독교 문화가 섞인 무데하르 양식의 절정을 감상할 수 있다.

세비야에서 먼저 가는 곳은 세비야의 중심 지역이라 할 수 있는 산타크루즈Santa Cruz. 바로 열대 식물이 울창한 거대한 무릴로 Murillo 정원이다. 세비야 출신 17세기의 화가 무릴로의 이름을 딴 곳으로 정원에는 아주 높은 탑 하나가 있다. 두 개의 기둥이 올라가는 가운데 배가 한 척 걸려 있는데 자세히 보니 콜럼버스 기념탑이다. 멋진 범선은 그가 아메리카에 타고 갔던 산타 마리아호. 탑 꼭대기에 세워진 사자 조각은 당장 신대륙을 찾아 서쪽으로 달려갈 듯 힘차다.

까마득히 높은 야자수 나무들이 빽빽이 우거진 정원을 지나 산타크루즈 중심부로 간다. 아름답기 그지없는 길을 걷다 보면 세비야의 유명한 명소들을 가기도 전인데 이미 이 도시의 매력에 흠뻑 빠져들고 만다.

이슬람풍 건물들이 나무 뒤로 서 있고, 담 위로는 삼각고깔 모양의 작은 장식물들이 얼굴을 내민다. 오래된 성벽이 발길을 이끌고, 마당의 작은 카페와 식당 들이 나그네를 유혹한다. 구불구불 휘어지는 골목에는 푸른 아줄레호 타일 장식들이 안달루시아의 정취를 물씬 풍긴다.

그러다 육중한 나무 성벽과 마주친다. 세비야 대성당과 히랄다 Giralda 종탑이다. 대성당은 상당히 크다. 유럽에서 세번째로 큰 규모를 자랑하기도 한다. 오른쪽에는 거대한 탑이 서 있다.

성당은 원래 12세기 말 이슬람 지배기에 세워진 모스크를 기반으로 세워졌다. 15세기 초에 건축을 시작해서 약 100년간의 공사를

콜럼버스 기념탑

안달루시아 세비야 기행

세비야 성당과 히랄다 탑

거쳐서 완성되었다. 이렇게 이슬람 사원이 가톨릭 성당으로 탈바꿈하거나, 반대로 성당이 회교사원으로 바뀌는 경우는 그 땅의 지배자가 바뀌면서 생겨나는 자연적인 현상이다.

히랄다(풍향계) 종탑에도 이슬람 흔적과 기독교가 섞여 있다. 탑 꼭대기에는 원래 아주 단순한 구슬 모양의 이슬람풍 장식이 있었는데, 지금은 믿음, 신앙을 나타내는 여신 동상으로 대체되었다. 여신 동상은 현재 탑 꼭대기에 서 있는 르네상스 풍의 탑 장식들과 아래 이슬람 양식의 탑과도 완벽하게 잘 어울린다. 여신의 동상이 너무 높은 곳에 있어서 제대로 볼 수 없어 아쉬웠는데 성당 입구에 복제품이 설치돼 있었다.

성당 안쪽 마당에는 오렌지 나무가 줄지어 서 있고 그 아래에 분수가 있다. 예전에 사원을 드나들던 신자들이 사원 안에 들어가기 전에 미리 손발을 씻던 곳인데, 이것 역시 이슬람 시대에 만들어진 것이다.

성당 안에서 특히 눈에 띄는 것은 카필라 마요르라 불리는 제단. 어느 성당에나 있는 제단이지만 이것은 높이 28m, 너비 18m로 거대하며 무려 189개의 인물들이 등장, 44개의 이야기가 그려져 세계에서 가장 큰 목재 제단화로 이름을 올리고 있다. 중앙에는 예수와 성모 마리아 생애가 조각되어 있고, 양편에는 세비야 성자들의 모습이 새겨져 있다. 또 100여 년 동안 만들어져 고딕 양식에서 르네상스 양식까지 같이 나타난다.

성당 안에는 공중에 관 하나가 떠 있다. 관 속 주인공은 바로 신대륙을 발견한 콜럼버스. 그는 이탈리아 제노바 출신이지만 스페인 왕의 후원을 받아 아메리카 대륙을 발견하고, 스페인에 커다란 부와 영광을 가져다 주었다. 그래서 그의 관이 이곳에 있게 된 것이다. 관이 땅 속에 들어가지 않은 것은 그가 스페인 땅에 묻히지 않겠다고 했기 때문인데 그만큼 그는 말년에 스페인에 대한 감정이 좋지 않았다. 콜럼버스를 전폭적으로 지원했던 이사벨 여왕 사후 페르난도 왕은 콜럼버스를 아예 쳐다보지도 않을 정도였다. 한편에서는 바다를 떠도는 선원들은 당시 이런 식의 무덤을 원했다는 이야기도 전해진다.

이제 세비야 성당을 떠나서 레알 알카사르Real Alcazar로 가는 길. 트리운포 광장을 지난다. 광장 중앙에는 높은 탑이 있고 그 위에 성모가 서 있다. 하얀 대리석 조각은 순결의 화신처럼 눈부시다. 이슬람 색채가 남아 있는 세비야 성당과 레알 알카사르 사이에서 세비야가 이제 가톨릭 도시라는 것을 웅변하는 듯하다.

다시 좁은 골목을 돌아서 가다 보면 두 개의 탑 사이에 빨갛게 칠해진 사자의 문이 나온다. 바로 왕궁 레알 알카사르다. 이 궁은 이미 세비야를 가톨릭 세력이 차지한 1364년에 페드로 1세가 무데하르 양식(벽돌, 도기 등으로 만든 화려한 장식이 특징)으로 건축한 것이다. 2년여의 건축 기간 동안 그라나다와 톨레도의 장인들이 최고의 솜씨를 발휘했고 후대의 왕과 여왕들이 여기에 다른 건축물들을 더해 오늘에 이르렀다.

▲ 레알 알카사르 성벽 ▲ 알카사르의 무데하르 양식 건물

레알 알카사르로 들어서면 곧바로 정원이 나온다. 큰 나무가 서 있고 다양한 꽃들이 피어 있는 곳곳에 작은 분수들이 여기저기 흩어져 있다. 정갈하고 소박한 이슬람 양식의 정원은 사람들을 차분하게 만든다. 이 공간은 감상보다는 사색을 위해 만든 곳이다.

서양의 정원들이 다분히 외적인 멋에 치중해 장대함, 화려함, 정교함을 뽐내는 데 반해 동양풍 정원들은 바깥으로 드러내는 것을 숨기고 자연 그대로를 살린다. 그리고 자연 속에 침잠해 저절로 사색을 하게 만든다.

안으로 더 들어가면 레알 알카사르에서 가장 유명한 정원 라스 돈셀라스 정원Patio de las Doncellas 이 나온다. 이 정원은 그야말로 화려함의 극치를 이룬다. 그 흔한 그림 한 점 없이 기둥과 아치의 조각 장식만으로도 어쩌면 이렇게 화려할 수 있는지 감탄을 금치 못하게 된다.

안달루시아의 무어 건축 양식은 초기에는 고대 도시 메디나 알자하라에서 볼 수 있는 칼리파 양식 기둥에서 시작했다. 그 후 세비야 레알 알카사르의 알모하드와 무데하르 양식의 기둥을 거쳐 마지막에는 그라나다 알함브라 나스르 양식으로 발전해 나갔다. 그리고 이베리아 반도 최후의 이슬람 거점인 그라나다가 1492년에 함락되면서 약 800년에 걸친 대단원의 막을 내리게 된다.

정원 가장자리에는 회랑이 이어지고, 입구의 작은 분수부터 시작하는 연못이 중앙으로 길게 연결된다. 그 연못에 비치는 건물의 반영을 보는 것도 감상 포인트다. 이 정원에서 칼리프 왕은 깊은 사

알카사르 소녀의 정원

색을 했거나, 왕비와 애첩들을 끼고 유유히 거닐었을 것이다. 그래
서 그런지 여기에서는 사색의 차원도 훨씬 높아야 할 것 같다. 최소
한 왕국을 경영하는 고뇌라도 해야 할 분위기다.

　이런 멋진 사색의 공간이 있음에도 불구하고 칼리프는 후대에
오면서 점점 세력을 잃고 만다. 결국 작은 군소 왕국들의 집합체가
되어 북부의 가톨릭 왕국 카스티야와 아라곤 연합의 공격을 받고
와해되고 만다.

대사의 방 천장

　　정원 가까이에는 레알 알카사르의 또 하나의 자랑 대사의 방이 있다. 왕이 각국 대사들을 접견하던 방이다. 이런 종류의 방들이 대부분 그렇듯 여기도 왕국의 힘과 부를 과시하는 공간. 그 과시는 최대한의 호사스러움으로 나타난다.

　　천장 중앙에는 거대한 황금 원이 찬란하게 빛난다. 언뜻 보면 천장에 조각을 한 것 같지만 사실은 나무를 깎아 내고 그 위에 금을 바른 것이다. 둥근 돔은 마치 지구가 박혀 있는 듯하기도 하고, 원을 둘러싼 별 모양을 보면 우주를 나타내는 것 같기도 한데 이 방에 들어서 천장을 보면 마치 세상의 중심에 선 기분이 든다.

방 역시 호화롭기는 마찬가지다. 서양 예술이라면 이 방에 그림과 조각들이 가득하겠지만, 여기서는 푸른 아줄레호 타일과 기둥, 아치 장식 들이 그것을 대신한다. 그렇지만 그 화려함은 결코 뒤지지 않는다. 어떤 예술 양식이든 호화로움, 장대함 등 보편적인 가치를 나타내는 데는 모두 나름의 방법이 있다. 거기에는 우열을 가릴 기준도 없고, 그래서도 안 된다.

대사의 방을 나오면 알카사르 정원이 연결된다. 상당히 큰 정원에는 키 큰 열대식물이 가득하다. 그래서 위에서 내려다보면 열대 정글을 보는 것 같다. 정원 한쪽에는 분수가 물을 뿜어내는데, 이탈리아 르네상스 양식의 커다란 분수가 이색적이다.

마지막으로 가 보는 곳은 카를로스 5세의 방. 높은 천장에는 우산을 뒤집어 놓은 듯 거대한 조명시설이 달려 있다. 여기에서는 본격적인 서양예술 작품들이 보이는데, 기독교 왕을 위한 처소답게 곳곳에 서양식 태피스트리가 걸려 있다.

레알 알카사르를 나와 남쪽에 있는 스페인 광장Plaza de Espana으로 발길을 옮긴다. '스페인 광장'이라 이름 붙어진 광장은 스페인 다른 곳에도 있는 이름. 그러나 세비야의 스페인 광장은 가히 최고라 할 만하다.

광장은 마리아 루이자 공원 안에 있다. 큰 공원 입구에서부터 광장에 우뚝 선 건물이 보인다. 반원형의 광장은 세비야 출신 건축가 아니발 곤살레스의 설계로 안달루시아의 독특한 건축 양식으로 지어졌다. 1929년 만국박람회를 위해 만들었으므로 그리 오래되지 않았음에도 불구하고 상당히 고색창연하다. 여기에서 영화 '스타워즈 에피소드 2, 클론의 습격' 중 한 장면을 촬영하기도 했다.

광장으로 걸어가다 보면 다리들이 나온다. 그 다리는 아름다운 청색과 백색 도기 조각들로 장식되어 있어 다리 전체가 도자기로 보일 정도다. 반원형의 가장자리는 모두 사람이 앉을 수 있도록 의자로 만들어졌는데, 그곳 역시 모두 멋진 타일로 장식되었다.

그리고 의자마다 도기로 만든 벽화가 있는데 스페인 각 도시 이름과 도시 특징이 새겨져 있다. 그래서 광장 가장자리를 한 바퀴 돌면 스페인 주요 도시를 구경하는 셈이 된다.

세비야는 디에고 벨라스케스, 바르톨로메 에스테반 무리요(1617~1682), 후안 데 발데스 레알(1622~1690) 등의 고향이기도 하다. 널리 알려지지는 않았지만 세비야에 있는 미술관에는 무리요, 프란시스코 데 수르바란(1598~1664)을 비롯한 세비야 화파의 작가들의 작품을 주로 전시하고 있다. 무리요는 스페인의 라파엘로로 불리며 주로 세비야에서 활동했다. 미술관에는 그의 〈산타 후스타와 루피나〉가 걸려 있다. 한편 17세기의 주요 스페인 작가로 스페인의 카라바조로 불린 수르바란의 작품 〈카르투하 수도원 식당의 성 후고〉 등도 있다. 미술관에는 세비야 화파의 작가뿐 아니라 엘 그

스페인 광장

　　안달루시아 세비야 기행

레코를 비롯한 15~17세기 작가의 작품도 전시하고 있어 세비야 여행길에 들르면 좋다. 마드리드에서 시작한 스페인 미술관여행은 세비야에서 끝난다. 유럽에서도 독특한 색채로 많은 사랑을 받는 스페인, 개성이 강한 스페인 미술관에서 스페인의 매력에 흠뻑 빠져보기를 권한다.

유쾌한 스페인 미술관 여행

올라, 프라도
차오, 빌바오

초판 1쇄 2019년 7월 5일

지은이 최상운
펴낸이 임후남
펴낸곳 생각을담는집
디자인 nice age
인쇄 및 제본 올인피앤비

주소 (17167) 경기도 용인시 처인구 원삼면 사암로 59-11
대표전화 070-8274-8587 팩스 031-321-8587
이메일 seangak@naver.com 블로그 https://blog.naver.com/seangak
ISBN 978-89-94981-74-1 03920

* 이 도서의 국립중앙도서관 출판예정도서목록(CIP)은 서지정보유통지원시스템 홈페이지
(http://seoji.nl.go.kr)와 국가자료종합목록 구축시스템(http://kolis-net.nl.go.kr)에서
이용하실 수 있습니다. (CIP제어번호 : CIP2019022368)

본문 그림은 저작권 협의를 거쳐 게재했습니다. 일부 저작권자를 찾지 못한 그림에 대해서는
확인되는 대로 정해진 절차에 따라 사용료를 지불하겠습니다.

생각을담는집은 다양한 생각을 담습니다. 출판 문의는 생각을담는집 블로그 및 이메일을 통해 가능합니다.

chao